Mon cancer, une semaine sur deux.

Mélissa RATON

Mon cancer, une semaine sur deux.

© 2021 Mélissa RATON
Édition : BoD – Books on Demand,
12/14 rond-point des Champs-Élysées, 75008
Paris
Impression : BoD - Books on Demand, Norderstedt,
Allemagne
ISBN : 978-2322381500
Dépôt légal : Septembre 2021

Avant toute chose, il est important d'expliquer ce cancer, finalement peu courant. Il s'agit d'un lymphome de Hodgkin ou lymphome hodgkinien. Ce cancer touche les cellules lymphatiques ou, en terme plus clair, les défenses immunitaires. Vous savez ces petits vaisseaux, comme je l'expliquerai à mes enfants plus tard, qui désintègrent tout ce qui ne doit pas se trouver dans notre corps. Dans mon cas, ces vaisseaux sont devenus fous et désintègrent tout, le bien comme le moins bien.

Il ne représente qu'1% de tous les cancers. J'en ai de la chance ! Finalement on va dire que oui, car il s'agit d'un cancer que les docteurs connaissent pleinement et savent soigner. On le guérit à hauteur de 80%. Les symptômes les plus révélateurs sont l'apparition de ganglions dans le cou et sous les aisselles, voir à l'aine.

Sa cause ? Mystère et boule de gomme, il n'y a pas de cause marquante, pas de facteur génétique, la faute à pas de chance.

L'apparition d'autres signes, surtout combinés ensemble doivent vous alerter :

- toux,
- difficultés respiratoires,
- douleurs thoraciques,
- fatigue,

- suées nocturnes,
- amaigrissement,
- démangeaisons.

L'épée

Plusieurs mois après ma dernière chimiothérapie, il est temps de poser à un endroit tous les souvenirs qui ont marqué les six mois les plus intenses de ma vie. Je suis passée durant ces six mois par toutes les émotions des plus extrêmes aux plus douces, des pensées les plus heureuses à celles remplies de doutes. Ces émotions, ces ressentis, ces pensées, ces sensations sont et resteront toujours présentes en moi.

« Six mois c'est court, ça a été vite, tu as guéri vite... ». J'ai entendu ces mots des dizaines de fois et je sais qu'ils ont été prononcés avec toute la bienveillance possible. Je m'estime heureuse et chanceuse mais... ; il y a toujours un mais, un revers de la médaille, le verso d'une pièce. De l'intérieur, ces six mois m'ont paru une éternité, un tunnel dont je ne voyais pas le bout, un voyage dont je ne savais pas si j'en sortirais vainqueur ou vaincue. Je n'étais pas particulièrement superstitieuse, mais je l'étais devenue, à ne pas oser croire ou seulement imaginer la suite de mon histoire de peur de me porter malchance. Ce qui est stupide car la malchance avait cogné à ma porte et était passée ensuite à d'autres personnes sans se retourner pour admirer le chaos qu'elle allait laisser en moi.

J'écris ces mots pour diverses raisons : me souvenir que la vie est une pu** mais tellement belle, qu'elle peut être lumineuse et si sombre, qu'elle peut être douce mais dure à la fois ; pour mes enfants, qu'ils puissent avoir la trace de ce qu'ils ont vécu eux aussi et ce qu'ils m'ont apporté sans même s'en rendre compte ; pour mon mari Damien, qui a été présent sans faille et que je ne parviendrai jamais à remercier assez pour sa positivité et la force qu'il m'a insufflée à travers toutes les larmes que j'ai pu laisser couler sur son épaule ; pour ma famille, mes amis, les inconnus qui, chacun à leur niveau, ont participé à mon bien-être ; mais aussi et enfin pour les autres qui devront livrer ce combat, j'aimerais leur faire part de mon expérience, car j'aurais aimé qu'on me prévienne ce par quoi j'allais passer et pouvoir ainsi m'y préparer en toute conscience.

J'ai eu l'impression à plusieurs reprises de me noyer sous tout ce que je découvrais que ce soit administratif, des douleurs personnelles, de la réorganisation de ma vie, des différents soins et des informations à gérer. Il a fallu que j'intègre des mots, des définitions, des protocoles en un minimum de temps et pour la plupart en les apprenant au fur et à mesure que les événements se déroulaient. Sans avoir le choix, j'ai dû me spécialiser dans ma maladie et intégrer ce que les prochains mois allaient être.

Commençons par le début, février 2020 je me découvre une boule entre la clavicule et le cou. Je ne m'en inquiète pas, elle n'est pas grosse, pas douloureuse, je me dis que cela doit être un kyste et j'ai bien mieux à penser. Mon travail et ma famille m'accaparent, je suis épanouie et comblée. Mon anniversaire approche et quel anniversaire, celui de mes 30 ans.

30 ans, cela marque souvent un cap et particulièrement pour moi. Depuis que j'en ai 19 et que je suis entrée dans la vie active, j'ai l'impression que le temps m'a filé entre les doigts sans que je puisse freiner sa course. J'essaie de mémoriser tout ce que je vis, des détails d'événements qui semblent sans importance mais qui pour moi sont essentiels comme une odeur sur un marché, les mots prononcés à un moment particulier, la couleur du ciel, un repas particulièrement apprécié, un fou rire... Malheureusement, on ne contrôle pas le temps,

on peut juste maîtriser ce qu'on y vit ou du moins, je l'ai trop bien appris ces derniers mois, comment on le vit.

Je me souviens de ce 15 février 2020, je fête mon anniversaire. Damien lui se rappellera de moi en train de danser les bras en l'air et la musique à fond. Je me remémore cette joie qui me parcourait, la simplicité des gens qui m'entouraient, des rires, des sourires, la musique, rien à ajouter et rien à enlever. Tous ceux que j'aime sont présents, une journée extraordinaire qui va se stopper net. Ce sera la dernière fête de cette année, il n'y en aura pas d'autres, une certaine pandémie va venir faire son entrée.

Je ne prenais pas réellement conscience de l'ampleur de la crise sanitaire, je vivais simplement. Lors d'un retour de week-end dans les Vosges, je me prends de plein fouet le contexte sanitaire et l'enjeu de la situation mondiale. En un jour, je suis totalement perdue et je ne sais plus quoi penser. Le 13 mars, le glas tombe : confinement national. Je m'inquiète, je doute, j'angoisse pour tout, pour moi, ma famille, mes amis et je m'interroge pour mes enfants sur le monde qu'on leur construit. Déjà préoccupée par ce qui m'entoure que ce soit au niveau de l'écologie, des inégalités hommes-femmes, des animaux, des injustices... Je ne sais pour quelle raison (sans doute faudrait-il que j'aille m'allonger sur un divan) ces sujets ne deviennent plus seulement des conversations argumentées lors d'un repas entre amis. Ils deviennent importants à mes yeux, je veux aider, je veux servir une cause, à ma manière agir sur le monde qui m'entoure si ce n'est pour moi pour eux en tout cas.

Avril 2020 ma boule grossit et devient sensible. Je suis particulièrement fatiguée, mes jambes me démangent en fin de journée et je sue durant la nuit. Pas de quoi s'inquiéter me dis-je, tu es jeune, en bonne santé, une hygiène plus que correcte, tu fais du sport, tu essaies, en bonne résolution de 2020, de ne plus manger de viande ou en tout cas très peu. En période de stress, j'ai des démangeaisons et vu la situation sanitaire du moment, il y a de quoi être stressée, rien ne m'inquiète outre mesure concernant ma santé. En dépit du contexte sanitaire et du stress que cela m'engendre, je croque la vie à pleines dents.
Je prends malgré tout rendez-vous avec un chirurgien pour enlever ce qui dans ma tête semble n'être qu'un kyste. Pourquoi passer par

un médecin alors que je pense savoir ce que c'est. Si seulement. Une épée prend place au-dessus de ma tête et n'attend que quelques mots pour me tomber dessus.

En mai, je rencontre mon chirurgien, je lui explique ma visite, il m'ausculte, me palpe, parle peu et m'informe qu'il ne s'agit pas d'un kyste qu'il va m'envoyer faire différents examens. Vous connaissez cette sensation quand une personne vous suit, vous observe et pourtant vous ne la voyez pas, vous la ressentez seulement. Vous ne pouvez pas l'expliquer de façon raisonnée, cela se joue intérieurement, au fond de vos tripes. Ce jour-là, j'ai su. J'ai su intérieurement que quelque chose ne tournait pas rond, que ce à quoi j'avais cru durant trois mois n'était en réalité que du vent.

Les examens débutent par une prise de sang, ce qu'il y a finalement de plus classique. Il s'avère que les résultats ne seront pas dans les normes, notamment le taux d'infection qui est élevé mais cela ne dit pas ce que c'est. Alors, la nuit, mille scénarios me passent par la tête et l'on va dire qu'il n'y en a pas beaucoup de positifs. J'ai fait la bêtise oui et non de regarder sur internet quelques semaines plus tard la liste cumulée de mes symptômes. Qui ne l'a jamais fait me jette la première pierre. Il faut certes en prendre et en laisser, car si l'on accepte au pied de la lettre les informations qu'on lit, on est sûr de mourir le lendemain. Pourtant, comment me blâmer ? Les examens sont longs, les comptes rendus également, les prises de rendez-vous n'en parlons pas. Comment un être humain inquiet dont les symptômes se développent, pourrait ne pas avoir le réflexe d'essayer d'obtenir une réponse le plus rapidement possible ? C'est ce que j'ai fait après mon échographie.

Cette échographie va anéantir mes scénarios cinématographiques avec une happy-end, ne resteront que les scénarios dramatiques, sombres et compliqués sur lesquels se basent bien souvent mes films préférés. Je vais, accompagnée de mes enfants, à une échographie de toute la zone sous le cou. Une fois l'examen terminé, l'échographe me prononce cette phrase qui restera gravé à jamais dans ma tête : « Madame Raton, prenez une chaise s'il vous plaît. » Mon cœur bat la chamade mais je ne laisse rien paraître, j'ai l'impression d'être dans un film, une série de mauvais goût. Je me revois encore avec un de mes enfants sur chaque genou leur demandant gentiment de parler doucement car j'ai besoin d'écouter le monsieur. Écouter, ça serait plutôt entendre, intégrer ce qu'il vient de me dire, car j'entends les mots mais je me demande s'il est sûr de ce qu'il raconte et s'il s'adresse bien à moi. L'échographe ce jour, m'annoncera que j'ai de nombreux ganglions tout autour du cou, dont trois assez importants. Il souhaite que je passe un scanner en urgence.

Urgence, ce mot sonne comme une alarme, quand c'est une urgence c'est que c'est grave, qu'il y a un impératif, qu'il faut aller vite. Il me demande de patienter quelques minutes à l'extérieur le temps de préparer le compte rendu et de me prendre rendez-vous. Il fait chaud et lourd ce jour-là, j'ai l'impression de suffoquer, de ne pas réussir à reprendre ma respiration. Mes enfants ressentent mon angoisse et me pose des questions. J'essaie la diversion : « Tiens il y a un magasin pas loin, ça vous dit qu'on aille se chercher un bon goûter ? » Ce magasin était mon échappatoire, l'obligation de me comporter normalement sans devoir beaucoup parler. J'appelle Damien quelque peu désemparée. Je lui relate le scénario et essaie de tenir bon. Le trajet du retour semble durer une éternité et encore davantage en attendant son retour à la maison. Une fois rentré, nous allons tout de suite dans la chambre, je pleure car j'ai le sentiment qu'un événement dramatique se prépare. Mon monde se fissurera ce jour, émerge une anxiété qui ne me quittera plus, car je sais intérieurement ce qu'il en est.

L'épée au-dessus de ma tête a cessé de tourner elle s'est désormais positionnée bien droite et prête à me tomber dessus. D'autres examens suivront pour être sûr du lymphome dont on ne m'a toujours pas prononcé le nom. Un peu à la façon de *Harry Potter*, il ne faut pas prononcer le nom de celui dont tout le monde a peur. Pendant ce temps, d'autres boules apparaissent et mes proches me diront à bon escient, je suppose pour me rassurer et se rassurer eux-mêmes aussi un peu, que c'est peut-être psychologique. Mais moi je sais et mon corps aussi, que ce n'est pas ma tête qui me joue des tours.

En revoyant mon chirurgien, je le trouve toujours aussi peu bavard. Je le questionne sur les différentes hypothèses, il me répond que cela peut être tout et rien à la fois. Dans le meilleur des cas cela peut être une infection, reste à savoir de quoi il s'agit, au pire il peut s'agir d'une tumeur, d'un cancer.

La suite des examens se poursuit avec un scanner qui, pour je ne sais quelle raison, ne fera rien apparaître et conclura que tout est normal. L'œil de l'ouragan, voilà ce que représente cet examen normal. J'éprouve une petite joie car je me questionne et essaie d'assembler les morceaux des autres examens effectués, cela ne semble pas logique, mais bon, laissez-moi tranquille le temps d'une journée. Cela durera en effet qu'une journée, le lendemain, mon chirurgien est sceptique (et heureusement) sur ce résultat et demande un examen complémentaire, il demande le top du top le « Tep-scan ».

Le Tep-scan est un examen d'imagerie médicale qui grâce à l'injection par intraveineuse de substances de contraste à faible dose radioactive, permet de visualiser les cellules tumorales, infectieuses et inflammatoires. Cet examen révèlera de nombreux ganglions sur la chaîne cervicale et œsophagienne. À la suite de ce résultat je revois le chirurgien et son verdict est sans appel : « Madame je vous fait hospitaliser demain. » Ma réponse est tout autant déconnecté du contexte que de la brièveté de son annonce : « Ok ».

Le lendemain, les choses sérieuses vont commencer.

Espoir

Que reste-t-il à une personne quand on lui enlève tous ses rêves ? L'espoir. Malgré la tournure des événements, j'osais espérer un mauvais diagnostic, une infection plus que banale, un microbe, un virus que sais-je encore une bactérie... Du moment qu'on me laisse poursuivre tranquillement le cours de ma vie. J'essayais de faire taire cette voix dans le coin de ma tête, me disant que oui le fil de l'existence prend parfois des tournures cruelles et que cela n'arrive pas qu'aux autres. Je n'étais pas la spectatrice d'un drame mais bien le cœur du sujet.

8h30, me voilà comme demandé dans le service indiqué, dans l'attente de rencontrer un médecin et ma nouvelle chambre pour plusieurs semaines.

Il est arrivé, dynamique, entouré de deux internes. Un homme assez petit, d'origine maghrébine, ce que laissait deviner la couleur caramel de sa peau et son nom qui invitait à voyager. Tout de suite, moi aussi j'avais envie de m'envoler loin d'ici. Il m'inspirait confiance, simple, souriant, ne me prenant pas de haut, c'était ce qu'il me fallait. Il parlait beaucoup, me posait des tas de questions, notait mes réponses, regardait ses internes, un regard insistant sur ses notes. Assise en face de lui, j'essayais de déchiffrer ce qu'il écrivait. Essayer de lire à l'envers ce n'est déjà pas facile, ça l'est d'autant plus avec l'écriture d'un docteur. Je n'avais d'yeux que sur trois symboles : un, deux et trois.

À la fin de son interrogatoire il a croisé ses mains et m'a regardé en m'expliquant les différentes hypothèses. Bien sûr, et pour faire monter le suspense, on commence toujours par la fin. Deux et trois était des infections en somme toutes banales qui pouvaient se traiter rapidement et pour lesquelles on allait me faire des prises de sang afin de savoir si j'étais positive. Le moment est venu de me dévoiler la numéro un et il me la nomme. Je me revois le lui faire répéter : « Lymphome de quoi ? Hokin ?, Hogin ?, Hodgkin ? » Il m'a alors détaillé ce lymphome qui est tout simplement une forme de cancer, pourquoi il pensait à cette possibilité, ce que cela engendrerait si c'était bien le cas… Si mes prises de sang étaient négatives à ses hypothèses précédentes, ils effectueraient rapidement la biopsie d'un ganglion.

À la suite de cet entretien aussi court que long, j'ai contacté ma famille et je me souviendrais toujours de ma sœur qui m'a appelée dans les minutes qui ont suivi. Elle m'a dit cette phrase qui me fait rire avec le recul : « C'est qui comme médecin au juste ? C'est quoi un interne, un spécialiste, un oncologue ? »

Ma chère sœur, si une personne dans un hôpital avec une blouse blanche et avec une étiquette dessus portant l'adjectif « docteur », en général c'est un docteur et il sait de quoi il parle.

Dix-huit. J'ai arrêté de compter à dix-huit tubes de prise de sang. La quantité cumulée est minime mais cela reste malgré tout impressionnant. La réponse des hypothèses les moins importantes était là-dedans et je croisais les doigts pour qu'il ait tort, qu'il se trompe une fois dans son parcours professionnel. Tout au long de la journée et de celle du lendemain, on me dira que tout revient négatif.

J'avais la désagréable sensation qu'une personne avait mal refermé la porte du placard. Ce n'étaient pas des monstres sympas et colorés comme dans le film *Monstres et Compagnie* (oui je sais mes références sont fabuleuses) qui en sortaient mais plutôt les personnages terrifiant de mon enfance : Chucky, Alien, Ça… et je sentais qu'avec eux le petit salon de thé n'allait pas être joyeux. L'espoir, cette douce mélodie, cette sensation de légèreté se dissipait et s'envolait bien loin de moi, laissant place à d'autres sensations bien moins agréables.

Première en tout

Certains peuvent se vanter de dire qu'ils ont sauté en parachute, fait le tour du monde, vu des aurores boréales, testé le naturisme… Finalement des choses fun, joyeuses et dont les souvenirs restent agréables avec les années. Me concernant avec cette aventure je peux vous relayer des événements que la plupart d'entre vous n'auront jamais vécu et qui ne rentreront pas dans le même registre émotionnel.

Lors de cette première hospitalisation ce qui a déconcerté ma famille autant que moi c'étaient les directives anticipées. Ce petit papier qu'on vous demande de remplir et que l'on met dans votre dossier au cas où tout se passe de travers. Pour moi, c'était comme si on me demandait « Quel cercueil souhaiteriez-vous Madame ? » Dans un contexte où l'on n'a plus de repères, où l'on est rempli de doutes et d'incertitudes, il faut en plus se projeter dans le cas où tout se finirait mal et cela faisait monter d'un cran cette angoisse croissante.
Petite parenthèse aux entreprises qui conçoivent les cercueils, les urnes ou les pierres tombales, pourquoi ne proposez-vous pas des « conte-

nants » colorés. J'en ai marre du gris, du bleu, du marron. J'aimerais que les personnes qui viendront se recueillir sur ma dépouille puissent se souvenir des moments de joie, de rire, de douceur et quoi de mieux qu'une urne ou une tombe arc-en-ciel pour cela. Voilà, c'est ma requête, maintenant les commerciaux au boulot.

À la suite des résultats des prises de sang tous négatifs, le docteur planifie comme il me l'avait annoncé une biopsie. Cette opération me faisait peur, j'avais vraiment la trouille, de celle qui prend aux tripes et ne vous laisse penser qu'à cela. Heureusement pour moi avant d'entrer au bloc, l'anesthésiste et l'infirmière qui m'accompagnaient, m'ont demandé comment je me sentais. Ces quelques mots m'ont permis de m'ouvrir et de leur exprimer mon angoisse : entendre le bruit des outils, leurs paroles, d'avoir la sensation sans la douleur... L'infirmière a dû percevoir mon malaise, mais ne pouvant m'anesthésier complètement, m'a shooté médicalement pour que je sois à demi-consciente et heureusement.

Je me suis sentie partir sur un nuage et n'ai eu conscience de rien jusqu'à cette douleur. J'avais mal, je sentais qu'on me coupait la peau, je ressentais une chose froide et dure et n'arrivais pas à savoir ce que c'était. Je revois les croix bleues sur le champ stérile posé sur ma tête, mon incapacité à parler, pouvant seulement grogner. Alors, j'ai grogné du mieux que je pouvais en essayant de leur faire comprendre que j'avais mal. J'ai entendu deux phrases avant de sombrer de nouveau : « La patiente semble avoir mal, elle geint », « On va faire vite, je pense qu'elle a mal à cause de l'écarteur. » Silence. Laissez-moi retourner à mon sommeil.

En me réveillant complètement j'étais doulou-reuse mais cela était acceptable. Un ami infirmier est venu me rendre visite et je lui ai raconté mon souvenir. Je n'avais pas rêvé, pour pratiquer cette biopsie, un écarteur avait été posé contre ma cla-vicule pour écarter ma peau. Merci, c'est beau-coup plus clair même un peu trop, mais au moins je suis sûre de ne pas avoir divagué. Il est sûr, que grâce ou à cause de cette expérience, tout dé-pend de la façon dont on l'envisage, je n'accepte-rai plus d'anesthésie locale. Je préfère dormir complément et qu'on me laisse tranquille. C'est ce qui se passera ensuite pour la pose de la chambre implantable et pour la biopsie de la hanche.

Même si le diagnostic officiel du lymphome n'était pas encore posé (l'analyse de la biopsie prend environ quinze jours) tout laissait penser malgré tout à cette seule possibilité. C'est pourquoi, le médecin a voulu profiter de la biopsie à la hanche pour poser en même temps la chambre implantable et prendre de l'avance dans la prise en charge. Cette biopsie a été pratiquée pour être sûr que le cancer ne s'était pas propagé aux os et pouvoir définir son stade d'avancement. Lorsque le médecin est venu m'annoncer l'opération, je lui ai demandé si elle se ferait avec une anesthésie locale et il m'a répondu positivement. J'ai alors demandé une anesthésie générale et il a semblé étonné, me demandant si j'étais certaine. J'étais plus que sûre et une fois devant le bloc opératoire, j'étais beaucoup plus sereine. J'ai même pu blaguer avec le personnel avant d'entrer au bloc. L'ambiance n'était pas du tout la même et pourtant l'intervention était plus invasive.

La chambre implantable peut avoir plusieurs noms mais son dispositif reste le même. Elle est composée de trois parties : une chambre avec un petit réservoir surmonté d'une membrane pouvant supporter de nombreuses piqûres, un cathéter relié aux réseaux veineux et un système permettant de verrouiller le cathéter à la chambre. J'ai eu toute mes perfusions par cette « chambre » qui permet de ne pas fragiliser le réseau veineux des bras notamment par des injections répétées de produits toxiques de la chimiothérapie.

Je me dis heureusement que je l'ai car le peu ; et c'est un euphémisme ; de prises de sang que j'ai eu dans les avant-bras ont fait que mes veines sautaient ou cassaient et il fallait me repiquer, ce qui me causait de beaux bleus tout le long de la veine endommagée.

Lorsque je suis entrée à l'hôpital pour effectuer ma première chimiothérapie, j'étais partagée entre plusieurs sentiments. De la joie et du stress. De la joie, oui j'étais tout sourire, qu'on me prenne en charge, heureuse de savoir que la bataille allait débuter. Bien évidemment, à l'extrême opposé de ce sentiment, le stress de l'inconnu et des sensations. J'étais bien loin de ce que j'imaginais.

La toute première perception qui me revient en tête est celle d'avoir l'impression d'avaler du plastique. Lorsqu'on est perfusé par la chambre implantable il y a tout un protocole à respecter et notamment une désinfection minutieuse. Lorsque l'aiguille est en place dans le réservoir, il faut alors le nettoyer pour s'assurer que le retour veineux s'effectue correctement et enlever les bactéries incompatibles avec les produits injectés ensuite. Le produit de rinçage est souvent du sérum physiologique qui peut soit être préparé en direct, soit à l'aide de seringue pré-remplie stérilisée dans une pochette plastifiée. Mon odorat s'est amplifié de façon déconcertante durant mon parcours de soins (à croire que j'étais un Saint-Bernard dans une autre vie) et de ce fait lorsqu'on m'injectait une seringue stérilisée, j'avais l'impression de cracher du plastique, d'en boire littéralement. Une sensation qui s'estompait ensuite au bout de quelques minutes mais dont j'avais logiquement envie de me passer. Heureusement, lorsque j'ai exprimé mon ressenti, les infirmiers m'ont rassurée, je n'étais pas la seule dans ce cas, même si cela n'était pas très courant. Il fallait donc que je prévienne systématiquement pour qu'on m'injecte une seringue préparée en direct. Je vous assure que je n'ai quasiment jamais oublié de le dire.

À mon premier séjour en chambre stérile soit dix jours après la première injection de la chimiothérapie, j'ai commencé à avoir une sensation de fourmillement sur mon crâne. Je m'étais un peu renseignée et je savais ce qui allait suivre. J'avais alors pris le toc de tirer sur mes cheveux pour voir s'il tenait encore. Au bout de quatre jours, le verdict était sans appel, ils tombaient sans même que je tire dessus par touffes entières.

La veille de me raser les cheveux nous étions allés voir le grand-père de Damien, lui aussi atteint d'un cancer. Lorsque nous lui avons annoncé que je me raserai le lendemain, il a été surpris : « Ça a l'air de tenir, moi aussi j'en ai perdu un peu. » Quand je lui ai montré ma touffe retirée juste avec mes deux doigts, il n'y avait plus rien à ajouter.

On parle beaucoup de la perte des cheveux et pourtant ils ne sont pas les seuls à disparaître de la circulation. Bien souvent en fonction du traitement et de la réaction de la personne, tous les poils disparaissent aussi, pas de chouchou. Surprise en allant aux toilettes, je découvre de nombreux poils dans ma culotte. J'appelle l'infirmier et essaie d'y mettre toutes les formes pour lui demander s'il était normal que je perde mes poils pubiens. Je vais être habituée dans mon parcours à entendre cette phrase : « Oui cela n'est pas courant mais cela arrive, vous allez certainement perdre tous les poils du corps. » Un mois et demi plus tard, j'avais tout perdu cils, cheveux, sourcils, poils sur les bras, les jambes j'étais nue comme un ver et quelle sensation. Cela avait un certain côté pratique pour ma part puisque je m'épilais, j'ai pu dire au revoir à cette corvée. J'avais une peau nette comme les mannequins pour les pubs télévisées. J'aurais presque pu lancer ce slogan « Pour ne plus avoir de poils, ayez un cancer ! » Presque.

Dans la catégorie des premières fois, je nomme la transfusion. Je n'aurais jamais pensé en avoir besoin et pourtant j'ai dû être transfusée en hémoglobine. Ce sont des petites cellules présentent dans le sang et qui permettent de faire circuler l'oxygène dans le corps. Mon taux d'hémoglobine chutait de jours en jours. Il y a la norme pour les gens « normaux » et celle pour les « malades ». Et bien j'étais encore plus en dessous. Je respirais mal, dès que j'accélérais le pas j'avais l'impression d'avoir couru un 100 mètres, monter les escaliers de ma maison m'achevais et j'y réfléchissais à deux fois.

Merci à cette personne d'Ille-et-Vilaine d'avoir contribué à m'aider à respirer. On ne le dira jamais assez, donnez votre sang ça ne coûte rien et pourtant ça vaut tellement. Cette transfusion n'a pas été magique il a fallu plusieurs jours pour que mon état s'améliore, ce qui m'avait d'ailleurs un peu inquiétée mais l'infirmière à domicile m'avait rassurée. À l'heure actuelle, je n'ai toujours pas retrouvé mon souffle d'avant, alors que j'étais sportive. Une des conséquences de cette mésaventure qui prendra certainement du temps pour revenir à la normale.

À 30 ans, qui se soucie de sa fertilité ? Pas grand monde. Les docteurs ont décidé d'y penser pour moi. Première étape, on enlève le stérilet. Pas de corps étranger pendant les chimio pour éviter un risque d'infection. Seconde étape, entretien avec un spécialiste pour prélever soit des ovules, soit un ovaire pour le congeler. Qui dit chimio ; et encore davantage avec le protocole BEACCOP dont je vais bénéficier ; dit plus de bébé ou en tout cas une possibilité presque nulle.

J'ai longuement hésité à préserver ma fertilité, finalement la vie est ce qu'elle est, elle vous donne et il ne faut parfois pas trop tirer sur la corde. J'ai deux enfants. Notre premier fils est arrivé via une insémination artificielle conjointe, une IAC. Mon corps et celui de mon mari n'était pas fait pour s'entendre nous aurions pu attendre dix ans pour avoir un enfant ou ne jamais en avoir. Notre second fils est arrivé par magie, retour de couche et pourtant sous pilule. Mon gynécologue et spécialiste de l'époque m'avait dit : « La grossesse transforme le corps de la femme soit en mal, soit en bien. Pour votre cas, elle l'a remis en ordre. » Je m'estime chanceuse, j'ai mes deux miracles. J'ai tout refusé durant l'entretien, je ne voulais pas d'autre intervention et devoir patienter plus longtemps avant d'être prise en charge pour mon cancer. Ce jour-là, à 30 ans j'ai donc tiré un trait sur la possibilité de concevoir de nouveau. Nous serons quatre pour toujours.

De retour au bercail

Nous sommes lundi, c'est le premier jour de ma chimio, la plus rude, le protocole BEACOPP.

Mon protocole de soins se définissait comme suit : deux cures de BEACOPP et quatre cures d'ABVD, si mon cancer répondait bien au traitement. Plusieurs médicaments sont associés durant ces cures, ainsi l'effet de chacun est renforcé, on parle alors de poly-chimiothérapie. La cure BEACOPP s'inscrit sur un cycle de vingt-et-un jours avec l'injection via la chambre implantable de poches médicamenteuses aux jours 1, 2, 3 et 8. Deux semaines à souffrir pour une semaine de répit. La cure ABVD s'inscrit quant à elle sur un cycle de vingt-huit jours avec l'injection de poche à jour 1 et 15. Les deux cures nommées sont les initiales des molécules administrées pour former un acronyme et nommer ainsi le protocole en abrégé. Le BEACOPP est un protocole dit « renforcé », plus agressif et administré pour les stades plus développés de la maladie.

Ne vous méprenez pas hormis pour la première cure ou vous êtes hospitalisé pour être surveillé et voir comment votre corps réagit, vous êtes sommés pour les prochaines de venir à l'hôpital à 9h et de repartir ensuite chez vous. À chaque jour son manège d'allers-retours, que je ne supportais pas durant la cure BEACOPP. Étant plus agressive, mon corps était de ce fait plus faible.

Les molécules ne s'attaquent pas seulement aux cellules cancéreuses mais également aux cellules saines. Cette cure a fini par désintégrer les dernières défenses immunitaires qui étaient encore présentes dans mon corps, je n'en avais plus aucune. Une simple bactérie aurait pu me mettre sur le carreau. Ce phénomène se nomme l'aplasie, il s'agit d'une forte diminution des globules blancs accompagnée d'une baisse des autres composants du sang. Pour y remédier, on vous installe dans une forteresse aseptisée le temps que vos défenses reprennent le contrôle.

Après cette cure, durant le trajet du retour j'avais très mal au crâne et en rentrant à la maison, je me sentais extrêmement fatiguée. Une petite caresse au chien et au chat pour leur montrer que je suis bien là et je m'en vais rejoindre le fond du lit. 17H30 Damien rentre du travail et vient m'embrasser. Je me réveille toujours avec cette barre au crâne accompagnée en plus de frissons intenses. J'ai chaud et je grelotte toutes les cinq minutes, le thermomètre affiche 39°C. À 38,5°C je dois déjà m'inquiéter. Je décide d'attendre un peu, comme on me l'avait expliqué. Trente minutes plus tard, le verdict est sans appel, ma température ne baisse pas, bien au contraire elle augmente encore. Pas de doute possible, direction l'hôpital.

Au début de ma prise en charge, j'étais suivie dans un hôpital proche de chez moi, mais au dernier Tep-scan établi pour bien catégoriser mon cancer et adapter mon protocole, ma maladie avait évolué passant d'une catégorie deux à trois, les ganglions ayant atteint l'abdomen. Le protocole n'était donc plus le même et dans cet hôpital, il ne prenait les patients que jusqu'au stade deux. Mon dossier a donc été transféré dans un hôpital plus éloigné de mon domicile. L'hématologue qui me suivait depuis le début m'avait dit de venir dans son service au moindre problème pour me prendre en charge le plus rapidement possible.

Nous voilà donc en route, comme si nous partions en vacances avec mes vêtements fourrés dans un sac sauf que nous en sommes très loin. Crise sanitaire oblige me voilà sur le parvis de l'hôpital avec mon baluchon en quête de savoir quoi faire. Je me dirige alors vers le service où j'avais déjà séjourné, mais je ne trouve personne que je connaissais. Un docteur mal-aimable, ou fatigué je ne sais pas, m'envoie au service des urgences alors qu'on me l'avait strictement interdit à cause du fort taux de virus et de mon aplasie apparente.

Je suis littéralement prise d'une crise d'angoisse, de colère, de rage. Je suffoque, pleure en marchant dans les couloirs. Pourquoi ce comportement ? La peur. La peur de ce qui va suivre et dont j'ai à demi-conscience : la chambre stérile, coupée de tous et pour combien de temps ? La peur d'attraper un virus et que ma santé se dégrade, peur de sombrer littéralement.

Je passe la soirée aux urgences jusqu'à très tard car il n'y a plus de chambre de disponible et l'on essaie de m'en débloquer une. On me refait ma numération et il s'avère que je n'ai plus rien en lymphocyte. Le matin lors de ma chimio, j'étais déjà très basse mais alors là je suis au cinquantième sous-sol. J'ai une soixantaine de lymphocytes, la norme étant d'environ quatre mille quatre cents. À minuit, on me trouve une chambre, les soignants viennent en cosmonaute pour effectuer mes soins et prendre mes constantes.

Quand le sort s'acharne autant tout faire d'un coup, je n'ai plus de batterie pour mon téléphone et je n'ai bien sûr pas de câble dans mon sac. J'apprends par les infirmières tard ce soir-là que Damien à tenter de me retrouver dans l'hôpital pour me faire parvenir un câble. J'en rigole avec elles, je me dis que vraiment il pense à moi dans les moindres détails, ce que je ne parviens même plus à faire par moi-même.

Le lendemain, tout sera rapide, transfert vers l'hôpital de soins et prison plastifiée. En me revoyant, l'infirmier qui m'avait pris en charge la veille me gronde en me disant « Ah non qu'est-ce que vous faites là ? » Je vois bien qu'il est sincère, il n'aurait pas voulu me revoir ici de sitôt.

La prison stérile

La chambre stérile ou plutôt pourrait-on l'appeler la prison, est simplement une torture. Je tire mon chapeau à toute ces personnes qui y séjournent durant de longues périodes. Je me doute qu'elles n'ont pas le choix, mais sachez que vous êtes extraordinaires.

J'ai été enfermée dans une chambre, dans un contexte sanitaire plus que compliqué, et qui interdit de ce fait toute visite, à deux reprises. Finalement ma liberté était tout aussi contrainte que celle des prisonniers à la différence que eux savent quand leur peine prend fin.

J'ai eu droit à deux séjours en chambre stérile, deux chambres différentes, deux salles, deux ambiances toutes deux d'une durée d'une semaine. La première fois, j'aurais dû savourer davantage ce moment car comparé à ce qui m'attendait lors du second séjour, cette chambre était digne d'un hôtel.

Les premiers jours, j'ai plutôt bien vécu ces séjours, j'étais rassurée d'être sous surveillance, de pouvoir appeler une personne à la moindre douleur. Un jour. Pourquoi pas deux jours.

Seulement quelques jours après mon hospitalisation lors de ma première cure de BEACOPP, je me suis retrouvée en aplasie. La chambre stérile était donc tout indiquée puisque mon aplasie était combinée avec de la fièvre. Les docteurs m'ont alors attribuée cette chambre, dite « sous flux » qui pouvait se transformer en chambre totalement stérile si la situation s'aggravait, grâce à des rideaux plastiques entourant complètement le lit et disposant d'une soufflerie indépendante. Ma situation ne les inquiétait pas outre mesure et ils m'ont laissé assez « libre » durant ce séjour. Une chambre plus que normale en somme, avec sanitaire et douche à part et j'insiste sur ce point. J'étais malgré tout reliée à plusieurs pousses seringues ce qui compliquait mon quotidien : la douche, s'habiller, se mouvoir, se retourner dans le lit... Je me souviens du premier jour avoir passé près de quinze minutes à enlever mon tee-shirt sans demander aux infirmières leur aide, j'avais peur d'être déperfusé. J'ai alors débranché les fils, les ai passés dans la manche, ai tout remis en place, c'était presque pire qu'une épreuve de Fort Boyard. Aucune sortie n'était possible et aucune visite non plus, si ce n'est celle des soignants.

Pour me permettre d'être moins nauséeuse, les docteurs m'ont injecté des médicaments destinés à des patients atteints de troubles mentaux (paranoïa, schizophrénie…) car leurs effets agissaient également sur les nausées. Cela était efficace en effet, du moins le temps que le produit se dissipe, mais sa conséquence était une très grande somnolence.

À ma seconde cure de BEACOPP, je me sentais faible et je voulais rester à l'hôpital qu'on me surveille, qu'on m'injecte des produits en continu pour réussir à être soulagée un minimum. J'avais pris mes affaires avec moi et je n'ai cessé de demander à être hospitalisée durant ma chimio. Je n'ai jamais été entendue des docteurs, ils devaient penser que je demandais ce service par confort mais je voulais juste être rassurée, la suite me faisait peur, je savais ce qui allait se passer. Cela n'a pas loupé. Une fois mes poches médicamenteuses terminées et malgré le fait que l'infirmier ait tenté une dernière fois de me faire hospitaliser, on m'a gentiment demandé de rentrer chez moi. Je devais passer par le secrétariat pour récupérer mon bon de transport, je tanguais, j'étais blême, je transpirais et je tenais à peine sur mes jambes. Un autre docteur m'a alors vue, m'a questionnée et m'a dit qu'il était hors de question que je rentre chez moi comme cela. Alléluia, j'avais été entendue !

J'ai donc été hospitalisée non pas dans une chambre standard, mais en chambre stérile. Une vrai de vrai cette fois-ci. Une fois sur place, j'ai dormi deux jours complets. Je n'ai pas mangé et j'ai juste trouvé assez de force, et j'insiste sur cette notion, pour aller aux toilettes. Sitôt les premiers jours passés dans cet espace, cela se complexifie légèrement en termes de santé mentale.

Entrons un peu plus dans les détails de cette sublime chambre, digne d'un palace trois étoiles, celle qui mérite toute votre attention et qui n'apparaîtra jamais dans les guides. C'est celle qui me marquera à jamais.

Votre lit est disposé tout à côté de votre chaise percée. Ils sont séparés par un charmant rideau plastique avec l'image d'une plage paradisiaque trop petit pour fermer complètement l'espace. L'image se veut sans doute réconfortante, mais quelle erreur ! Pour ma part, c'était tout le contraire cela me renvoyait ce à quoi je ne pouvais accéder. Tout à côté de cette chaise, votre lavabo et à sa droite la machine à laver vos bassines.

Vous voilà dans une pièce que vous ne pouvez quitter, vous le savez bien pour votre santé et où la notion d'intimité est à tout moment violée. La porte vous séparant du monde extérieur est équipé d'une fenêtre hublot ce qui laisse une vue plongeante sur votre lit, certes pas par voyeurisme mais pas souci de surveillance.

Vous ne vous sentez jamais seule ou dans le silence total, oubliez la méditation vous n'arriverez jamais au Nirvana. Vous entendez toujours des portes s'ouvrir, des bips à travers les cloisons, la ventilation de la soufflerie. Même si le personnel essaie la nuit d'être discret, je sentais malgré tout leur présence quand ils vérifiaient le matériel.

Je me revois choisir les moments pour faire mes besoins et ma toilette pour éviter de croiser du personnel. J'étais sur le qui-vive dès que j'entendais du bruit ou une porte dans le couloir.

Je reconnais ne pas envoyer du rêve, mais cela a été ma réalité.

Durant tout mon parcours de soins, j'ai été très incommodée par les odeurs. Comment vous dire que cette chambre était l'apothéose de mon dégoût. Ne pouvant ouvrir de fenêtre, je devais m'accommoder de mon odeur personnelle, des vêtements qui ressemblaient davantage à du papier et qui me faisaient transpirer quand je n'avais pas froid, du linge de lit avec cette odeur si particulière, aigre comme du vinaigre. Je dois me confesser avant d'entrer en chambre stérile une douche à la bétadine est nécessaire pour se débarrasser de toute bactéries et une tenue (tels les condamnés) vous est distribuée. Aucun de vos vêtements ne doit rentrer. Le seul que j'ai réussi à garder, fût ma culotte. Tous les soirs, après la première tournée des infirmiers de nuit je la lavais, la faisait sécher et le matin je pouvais à nouveau la mettre. Cette culotte aussi ridicule que cela puisse sembler représentait le symbole de ma dignité, je restais moi, du moins je m'accrochais à cette notion.

Je n'avais qu'une envie, me blottir dans un lit qui sente bon pour essayer de ne plus penser à mon corps et à ce qui m'entourait. Au retour du dernier séjour, j'ai été en rentrant chez moi agressée par les odeurs. L'odorat est un sens que l'on néglige un peu trop et pourtant il influe sur notre quotidien et sur la façon dont nous percevons les choses. Il fallait que ça sente bon, c'était vital et cela devenait une obsession. Je devais enlever cette odeur de vinaigre de ma mémoire. Ma mère, c'est Mary Poppins, elle a toujours pleins de sacs avec elle ou dans sa voiture et vous êtes sûr de trouver ce dont vous avez besoin. Lorsque je suis rentrée chez moi, elle est venue me faire une petite visite. Je n'avais plus qu'un fond de lessive et Bingo ! ma mère en avait dans sa voiture, je lui ai emprunté ou plutôt on pourrait dire volé sa lessive. Merci maman. Je me suis mise à vider les placards, à renifler chaque tissu, vêtement, couverture, coussin et même canapé. Si l'odeur ne me convenait pas, hop, on passait au lavage intensif.

Durant ce séjour, la nourriture a fini de porter un coup à mon moral déjà fragile. Je ne pouvais choisir ce que j'ingérais, les plats n'avaient aucun goût, j'avais des aliments « régime » dus aux corticoïdes, rien de transcendant, rien de réconfortant et pourtant j'en avais besoin, tellement.

Je sais ce que vous vous dites une semaine ce n'est rien, ça passe vite. Oui et non. Il est sûr que comparé à des personnes qui y séjournent trois semaines entières, je m'incline en tout humilité. Mais voilà quand on y entre, on ne sait pas quand on sort.

Je me souviens que je me réveillais le matin et faisais le décompte des moments et heures de la journée. Bientôt le repas, ensuite l'après-midi et enfin le soir. Arrivé le soir, je me disais enfin une journée de terminée. Quelle tristesse.

Heureusement la technologie existe. Mon mari et ma famille m'appelaient souvent et parfois en visio. Il m'était difficile de voir mes enfants tout en contenant mes larmes, de les rassurer et de leur dire que bientôt je serai de retour. Quand, c'est une autre histoire. Les amies ont rempli mes après-midis en me faisant sourire derrière mon écran de téléphone, les entendre grâce aux audio et avoir l'impression, encore un tout petit peu de faire partie de ce monde qui ne s'est pas arrêté, me mettait du baume sur mon cœur.

Je suis ressortie de ces séjours incollable sur les émissions de télé-réalité. Je connaissais les horaires des programmes par cœur et suivait chaque jours les histoires entre les candidats, leurs rancœurs, leurs disputes, leurs amours fugaces. Finalement leur quotidien me faisait oublier le mien le temps de quelques heures.

Durant les mois de maladie, j'ai poursuivi mon addiction, et même s'il ne voudra jamais le reconnaître publiquement, Damien s'est lui aussi laissé happer par ces divertissements. Il ne devenait pas rare au moment où il rentrait du travail qu'il me demande ce qu'il s'était passé.

Mi-septembre quelques jours après une chimio, j'ai eu droit à une prise de sang, le lendemain le médecin m'appelle. Le couperet tombe, je suis en aplasie et elle m'invite à venir en chambre stérile. Nous discutons, j'essaie de savoir si c'est indispensable car je ne présente aucun symptôme affirmant une quelconque infection bien au contraire je me sens relativement bien. Elle est d'accord pour que je reste chez moi à la condition d'aller nulle part et de ne voir personne. Je vous assure que par peur d'avoir le moindre microbe, la peur de retourner dans cet enfer, (mais aussi un peu du docteur très gentille mais autoritaire), je suis restée chez moi en vase clos durant cinq jours le temps de refaire une prise de sang et d'être sûre que tout était revenu à la normale.

Durant les mois de ma maladie je le sais maintenant j'ai eu peur, je craignais d'y retourner. Être anémiée, avoir de la fièvre, la COVID, de la toux, des diarrhées... J'avais plusieurs cartes à déjouer pour ne pas y retourner. Chaque jour, j'avais l'impression de jouer à la roulette russe à la différence qu'il ne s'agissait pas d'une balle, mais d'une variété de symptômes.

J'ai oublié de vous dire

J'aurais aimé qu'on me prévienne de ce que j'allais vivre, de ce que je pourrais ressentir. J'aurais aimé connaître ces détails pour m'y préparer.

Les médecins traitent leurs patients comme des patients et rarement je trouve comme des êtres humains perdus, tristes, hagards, sensibles à la moindre remarque. Ils oublient à tort que les questions, à la fois sous le choc de l'annonce et de l'inconnu, nous ne les avons pas toutes dès le départ, elles arrivent au fur et à mesure des événements. Je peux le comprendre et ne leur jette pas la pierre : la pression, le nombre de patients à voir, l'administratif... J'imagine la montagne de leur responsabilité. Dans ce tsunami, j'aurais aimé qu'une personne anticipe les événements à ma place, m'informe, m'aide et me rassure. Les soignants ont assuré et assumé ce rôle, mais toujours lorsque les événements se produisaient.

Première chimio, je me revois assise en stress total avec un infirmier certes très doux mais trop lent à mon goût, comme s'il n'était pas à l'aise, ce que j'ai interprété à tort.

Il sort l'aiguille pour la chambre implantable se rapproche de moi. La taille de l'aiguille m'interpelle, je la trouve particulièrement grosse, en tout cas comparée à celles pour les prises de sang.

Je lui ai alors demandé : « Est ce que la douleur est la même que pour une prise de sang ? ». Je le remercie car il a été sincère et m'a répondu : « C'est un mauvais moment à passer. ».

En effet, je n'avais jamais connu cette sensation. Je suis resté agrippée de longues secondes une main au fauteuil et une autre en train de tenir mon tee-shirt. J'ai déjà eu des malaises vagaux, j'y suis sujette et là j'ai bien cru que j'allais défaillir. Première chimiothérapie, première expérience et déjà cela annonçait la couleur.

Pour la deuxième séance, mon corps savait, même si j'essayais de faire taire ma tête, mon corps lui avait décidé de ne pas me laisser tranquille. En partant de chez moi je me sentais bien, mais arrivée sur le parvis de l'hôpital cela a été tout autre chose. J'ai ressenti une douleur intense au ventre. Je savais ce qu'il se passait, mon corps m'envoyait des signaux pour fuir, lui non plus ne voulait pas aller plus loin. Lorsque j'ai eu la pose de la perfusion, je me suis de nouveau sentie mal, c'en était trop. J'ai vomi pendant de longues minutes en m'excusant comme je pouvais auprès de mon voisin de chambre pour qui, je l'ai su ensuite, c'était sa première chimio. J'ai certainement dû lui laisser une image un peu déconcertante. L'infirmier qui m'avait pris en charge me voyant recroquevillé autour d'une poubelle de fortune et prises de spasmes est revenu vers moi avec un papier d'eau froide et un autre rempli d'huiles essentielles d'eucalyptus. Il m'a alors demandé si l'on m'avait prescrit des patchs anesthésiants. Jamais on ne m'en avait parlé, il a fallu attendre de voir mon état pour qu'une personne se questionne. Il aurait été à mon sens logique, dans l'ordonnance de deux pages, de le notifier dès le départ. Ce petit patch tient en effet toute sa promesse, il est tout bonnement magique. Je vous assure que je ne l'ai jamais oublié et que mon corps était satisfait d'avoir cette douleur de moins à gérer.

Par la suite, ce même infirmier m'a donné un flacon d'huiles essentielles. Il était rare que je vienne sans et que je passe ma journée en hôpital de jour (HDJ) sans renifler à tout va ce petit papier imprégné. Il était ma bouée de sauvetage dans toute cette agression olfactive. Un changement de poche médicamenteuse, un petit reniflement, l'arrivée des repas, un petit reniflement, se rendre aux toilettes, un petit reniflement.

Les femmes qui ont eu un enfant me comprendront sans doute davantage. Vous savez cette sensation qui vous crée le besoin irrépressible de ranger, nettoyer, astiquer peu de temps avant l'arrivée du bébé, cette sensation se rapprochait très exactement de la mienne la veille de faire ma chimio. J'étais prise d'un élan de dynamisme incroyable, il fallait que je fasse tout ce que je ne pourrai plus faire ensuite et qui me permettrait de rentrer de ma chimio l'esprit serein bénéfique à mon calme intérieur. Telle une tornade je nettoyais, astiquais, repassais, lavais, triais, m'occupais des papiers, appelais. Je m'épuisais autant au sens propre qu'au figuré mais finalement quitte à être fatiguée autant l'être par de bons agissements.

Niveau administratif, quelle paperasse, quelle montagne et comme toujours on reçoit les informations au compte-gouttes ou en allant les pêcher. Je ne vais pas m'attarder sur ce dossier, ce serait indigent comme il l'a été pour moi, mais je ne comprends pas qu'en 2020 les patients soient laissés dans un tel flou artistique. Mon mari est asthmatique tout comme ma mère, ils sont déclarés et tous les ans ils reçoivent un document pour se faire vacciner contre la grippe, c'est automatique. Pour quelles raisons un tel document n'est pas envoyé automatiquement aux personnes malades ; en incapacité totale de travail (ITT) puisque c'est la notion qui est prise en compte d'un point de vue administratif ; pour leur simplifier les démarches à effectuer et leur faire connaître leurs droits.

C'est comme cela qu'en octobre je me suis retrouvée avec des taxis et des infirmières non rémunérées. Je n'avais pas vu mon médecin traitant pour mon cancer, j'ai toujours été suivie directement par les spécialistes. Or le médecin traitant a un rôle important puisque lui seul peut remplir un document de prise en charge. Heureusement, tous ont été compréhensifs et ont patienté le temps de la mise à jour des démarches, sinon j'aurais dû débourser pas loin de 2000 euros. Qu'en est-il quand on a un crédit maison, un loyer à débourser ? L'administratif est fait pour que les gens abandonnent, laissent tomber et pourtant c'est notre droit de ne pas nous retrouver en précarité en plus de notre maladie. Le fait même d'être malade n'est pas juste, mais cette montagne de paperasse en rajoute une couche au gâteau déjà bien difficile à digérer. Tous les acteurs pour lesquels vous avez déboursé de l'argent sont susceptibles de vous octroyer une aide, qu'elle soit physique comme une aide à domicile ou une femme de ménage, ou encore sous forme de liquidité par des reports ou un remboursement de vos crédits. Votre banque, votre mutuelle, la CPAM, vos assurances individuelles, la CAF, tous peuvent vous aider. Si vous ne vous sentez pas de taille, n'hésitez pas à vous faire suivre par une assistante sociale bien souvent présente dans les hôpitaux, qu'il suffit juste de solliciter.

Comme dans certains contrats il y a des petites lignes, toutes petites à lire. Dans mon parcours, une des petites lignes disait que certaines personnes sont très réactives aux molécules. J'en faisait partie, cela a un côté positif car le traitement fonctionne, mais à quel prix ! Je suis hypersensible aux molécules, c'est comme cela que les docteurs ont fini par me nommer : « Ah c'est vous qui réagissez à tout », « Ah c'est vous Madame Raton ». J'en était réduite à cela, d'un côté cela est rassurant de ne pas se sentir incomprise, ou pire folle, mais finalement cela ne change pas grand-chose, vous devez quand même serrer les dents. Je sais désormais que je ne suis pas seule et vous ne l'êtes pas non plus, rassurez-vous. Finalement, je prenais les médicaments sans avoir l'impression qu'ils me calmaient quoi que ce soit, mais je n'imagine pas l'état dans lequel j'aurais été si je ne les avais pas.

Il y a eu ce jour ou à bout de toute la souffrance, quatre jours après ma chimio, je suis retournée à l'hôpital pour avoir les médicaments en intraveineuse avec pour objectif que cela soit efficace plus rapidement. Arrivée sur place, j'ai été bien prise en charge, je me sentais comprise. On m'a alors chargée de tout ce que je prenais d'habitude mais en plus forte dose. Quatre heures plus tard, j'étais la dernière dans le service. La doctoresse est revenue vers moi pour me demander comment je me sentais : « Je me sens pareil que quand je suis arrivée. ». Sa réponse a anéanti mes derniers espoirs d'être soulagée : « Vous ne pouvez pas me dire cela, on vient de vous injecter tout ce que l'on pouvait, je ne peux rien vous mettre de plus. » Je n'avais plus de mots alors j'ai pleuré, c'est tout ce que je pouvais faire. Elle a alors été d'une douceur incroyable, ce qui a fini par me calmer.

J'avais deux solutions rester à l'hôpital la nuit avec l'idée qu'on ne pouvait plus rien me donner ou rentrer chez moi et voir le lendemain. Le choix était vite fait. Je suis rentrée avec toute ma peine et en espérant encore un peu que demain serait un jour différent. Le lendemain à 10h, l'infirmier de garde m'a contactée et j'ai pu lui dire que ma douleur avait un peu chuté, que cela était gérable, je suis alors restée chez moi.

Lorsque toutes les ressources disponibles données par les médecins ne vous soulagent plus, trouvez, ou du moins essayez de trouver, ce qui vous soulage, ce qui vous fait du bien, essayez encore et encore et une fois trouvé, accrochez-vous-y comme une sangsue. Pour me soulager durant les semaines « off », j'avais pris le réflexe d'avoir mes mains toujours posées sur mon ventre, la chaleur atténuait la douleur. Les bouillottes reviennent en force, pensez-y.

Je prenais de très longues douches. Des douches brûlantes et interminables, c'était le seul moment où la douleur sortait de mon corps et me laissait un peu de répit. La planète ne m'en remerciera pas et avec le recul je sais que cela n'était pas raisonnable, mais promis je vais rattraper ma digression. J'ai testé les bracelets d'acupuncture, les tisanes au gingembre, les musiques de relaxation et j'en passe. Un jour, à bout comme souvent, j'ai demandé à une communauté de personnes atteintes de cancer ou en rémission ce qui soulageait leur nausées. Parmi les réponses, une est ressortie et a eu le mérite de me faire sourire : le cannabis. Je crois que si j'en avais eu la possibilité j'aurais essayé, au point où j'en étais. Mais je n'ai pas la solution, vous seul pouvez la trouver, alors cherchez votre bouée de sauvetage.

Dans toute mésaventure, il est à mon sens légitime de douter, d'avoir peur et de lâcher l'affaire. Pendant la mienne, j'ai voulu abandonner, alors oui on me va dire c'est pour vivre, c'est indispensable, serre les dents, mais intérieurement c'est tellement dur. La douleur lancinante, l'incertitude, mon monde entier qui changeait me rendait à cette évidence : je voulais qu'on me laisse en paix pour pouvoir me retrouver.

Au cours d'octobre-novembre, j'ai eu l'impression de ne plus voir le bout du chemin, je n'étais qu'à la moitié de mon parcours de soins, si tout allait bien, et je ne pensais pas avoir la force de continuer. J'ose le dire, si je n'avais pas eu mes enfants et mon mari et malgré le fait que j'étais bien entourée, j'aurais abandonnée. J'aurais demandé une grande pause, qu'on me laisse vraiment souffler et pas seulement une ou deux semaines. C'est pourquoi et j'insiste, du point de vue extérieur six mois cela semble court et pourtant. Le temps et la réalité n'étaient pas les mêmes pour moi et lorsqu'on me disait « allez encore deux mois et c'est terminé », deux mois pour moi c'était déjà beaucoup trop. Je l'ai dit tout au long de ces six mois que ce soit à ma famille ou aux soignants, si j'avais pu avoir la possibilité de signer un papier pour qu'on me mette en sommeil le temps des soins, je l'aurais fait.

On a essayé du mieux qu'il était possible de me recentrer sur le bout du tunnel mais mon besoin primaire à cet instant n'était rien d'autre que d'arrêter de souffrir. Je me sentais réellement sereine et en paix avec moi-même seulement lorsque je dormais. À partir du moment où j'ouvrais les yeux, une douleur, un inconfort, une gêne se manifestait et je vous assure que tous les jours H24 pendant près de six mois consécutifs, cela finit par vous taper sur le système. Je savais mes enfants entre de bonnes mains, mon mari vaillant, alors à quoi servais-je ? À part être un fardeau ou une mauvaise compagnie, je préférais revenir quand tout serait terminé, mais cela n'était malheureusement pas possible. Même si je n'avais plus l'envie ou la force, il me fallait continuer de porter cette épée qui m'était tombée dessus.

Qui est ce ?

Qui est ce devant ce miroir ? Qui est-elle ? Elle me dit vaguement quelque chose. Peut-être un truc dans le regard ? Sa façon de se tenir.

La maladie m'a complètement engloutie en octobre-novembre 2020. J'étais submergée et ne parvenait pas à reprendre mon souffle, à reprendre pied. On est complètement transformé par ce protocole de soins, qu'il s'agisse de notre corps et par-dessus tout de notre esprit.

Après coup en regardant des photos, nous nous sommes fait la remarque il y a peu avec Damien, que oui j'étais changée durant cette période. C'est un changement qui se fait lentement, insidieusement, on ne s'en rend pas vraiment compte et c'est avec le recul que l'on se dit que oui finalement tout avait bien changé.

Physiquement j'étais pâle, cernée, fatiguée et essoufflée au moindre effort, plus aucun cheveux ou poils, seuls résistaient tant qu'ils le pouvaient quelques cils et sourcils que j'essayais tant bien que mal de redessiner à l'aide de mascara ou de crayons à sourcils. J'ai rapidement capitulé avec le mascara car il était ridicule d'allonger le seul cil qui restait autour de mes yeux. Je n'avais pas maigri, ni grossi mais je mangeais à longueur de journée, avoir le ventre vide accentuait encore davantage mes nausées. Je n'étais pas d'ordinaire adepte du grignotage, mais là c'est comme si mon estomac ne parvenait pas à se rassasier. Sur la balance, rien n'avait changé, mais en réalité j'étais flasque.

Et les cheveux dans tout cela ? Lorsque je suis revenue de la chambre stérile et comme mes cheveux tombaient tout seul, j'ai décidé d'attendre un jour avant que Damien me rase la tête. Je voulais que mes enfants me revoient un peu telle qu'ils me connaissaient après cette absence de quasiment deux semaines. Comme à mon habitude au début, j'étais tout sourire, ce n'était pas ce détail qui m'attristait le plus, des cheveux ça repousse après tout. Finalement, j'ai aperçu mon reflet juste un instant et ce fut un choc, j'ai mis au moins dix minutes à vraiment me regarder, je ne me reconnaissais pas. Les quelques jours qui ont suivi ont été difficiles et progressivement cela m'est devenu égal. Enfin dans les grandes lignes, j'esquivais malgré tout mon reflet, si je n'avais pas de foulard.
À choisir un crâne rasé ou un crâne chauve, je choisis la seconde option. En effet, durant la période transitoire, il m'était désagréable de me tou-

cher le crâne cela piquait, mettre un foulard était compliqué car le tissu s'accrochait, pour dormir les cheveux racle contre l'oreiller ce qui n'est pas très agréable. Point positif, plus de corvée de shampoing, après-shampoing, masque, démêlant, ou encore une séance de trente minutes pour dompter une crinière et finir par un chignon. Point négatif, on a froid à la tête. J'ai passé quatre mois à avoir un bonnet sous la main. En semaine « off », il était plus simple d'enfiler cet accessoire que de placer un foulard. Il m'arrivait même de le garder à la maison.

Sous la douche les petits cheveux rasés à blanc tombaient au fur et à mesure, laissant place à un crane tout lisse, tout doux, tout brillant. Que j'ai pu haïr l'image de mon crâne, je détestais voir ces os qui bougent quand on mange, quand on rit, quand on parle. J'avais l'impression d'être une morte-vivante et finalement, je n'en étais pas très loin au sens premier et médical du terme.

Une fois les cures BEACOPP terminées, deux mois après, mes cheveux et mes poils ont commencé à faire leur grand retour. Mais comment dire, la repousse n'est pas franchement des plus réjouissante. Des cheveux ou plutôt un duvet au départ, puis des épis en bataille, pour finir par une coupe de cheveux qui n'en est pas une et qui ne met rien en valeur. Par conséquent, mes foulards restent mes précieux alliés.

Qu'en est-il de l'acceptation de son apparence ? Au départ, je ne savais pas quelle posture adopter, me montrer, me cacher, je n'arrivais pas à choisir. J'en ai parlé et reparlé et finalement ce qui se rapprochait le plus de mon ressenti c'était que j'ai un cancer et bien tant pis, je suis comme je suis, je ne me cacherai pas. J'ai eu mon cancer durant l'été et ai perdu mes cheveux durant les périodes de chaleurs d'août et septembre.

Mon fils aîné avait 6 ans à ce moment-là et ne voulait pas que je sorte sans foulard, d'ailleurs ses mots ont été forts « Tu fais vieille, tu n'es pas belle. ». Pourtant une fois, nous avons voulu nous rendre dans une des dernières brocantes estivales mais j'avais chaud et pas envie de me mettre un foulard sur la tête. Mon mari s'en fichait royalement, il m'avait dit « Assume, tu t'en fiches des autres. » Nous avons expliqué à nos enfants pourquoi je voulais sortir sans et malgré leurs mots tous deux ont compris ma démarche et m'ont dit : « Oui il fait chaud, tu seras mieux comme ça. » Finalement durant notre promenade, ils ne semblaient pas embarrassés par certains regards et ils ne m'ont d'ailleurs rien exprimé ensuite. Mais les jours suivants, l'excuse n'était plus valable et quand il fallait aller quelque part, mon grand n'oubliait pas de me rappeler à l'ordre.

Psychiquement, j'alternais entre des périodes de déprime et de joie. Une semaine sur deux, mon moral suivait le cours de mes chimio. Durant les semaines « off », j'étais devenue avec le temps de plus en plus déprimée et enfermée dans ma bulle, je voulais qu'on me laisse en paix, qu'on me laisse agoniser, que je puisse intégrer ma douleur et ne me concentrer que sur elle pour l'amoindrir. Cela peut être difficile à comprendre et pourtant. Durant ces périodes, je pouvais parfois faire bonne figure dix minutes mais sitôt la porte claquée, je m'effondrais dans mon lit en larmes tellement j'avais pris sur moi. On pourrait penser que j'en rajoute et pourtant il n'en est rien.

Les matins étaient les plus difficiles, je ne parvenais pas à reprendre le contrôle de ce corps. Éveillée, il m'était pourtant difficile de sortir de mon lit, tout mon être était lourd, endormi, ankylosé et les douleurs petit à petit regagnaient toute leur place. J'ai tenté d'y faire face au début, de me mettre un coup de pied aux fesses, juste le temps d'emmener les enfants à l'école, mais cela m'a été impossible par la suite. Mon mari est parvenu à s'arranger avec son employeur, qui s'est montré particulièrement compréhensif face à la situation, pour emmener les enfants à l'école me laissant ainsi la possibilité d'avancer dans le cours de la journée comme je pouvais. Le midi les enfants allaient à la cantine et j'allais les chercher à 16h30, ne sortant qu'au dernier moment de la voiture. 17H30, je pouvais de nouveau me réfugier dans mon lit ou plutôt dans ma bulle intérieure, mon mari, mon sauveur était revenu du travail.

Après coup, on se dit à tort que tout est revenu à la normale, mais seulement en apparence. Des efforts intenses et répétés me fatiguent beaucoup et il me faut plusieurs jours pour m'en remettre. De nature sportive, je suis désormais essoufflée facilement. Je ne cicatrise pas, j'ai encore sur la peau des marques datant d'août, une piqûre de moustique, un scotch après une prise de sang, une griffure de chat. Je suis remplie de marques en tout genre, en plus des cicatrices. Mes ongles se cassent pour un rien et j'ai une peau particulièrement sèche. Trouvons un bon côté, ce protocole de soins a définitivement désintégré ma légère acné, mais ma peau a du mal à se remettre de ce traitement de choc.

Intérieurement j'apprends à connaître cette nouvelle femme au creux de mon être, elle est plus sensible (les larmes arrivent vite parfois trop vite), plus empathique, plus marquée, prend davantage à cœur les commentaires, plus soucieuse de ceux qui l'entourent. J'apprends à faire d'elle un moi entier. Quand vous avez passé trente ans avec une certaine idée de qui vous êtes et qu'une gifle vient chambouler votre façon de vivre, l'apprentissage n'est pas si simple.

Rémission, vraiment ?

Nous sommes fin septembre et le protocole BEACCOP, l'arme de destruction massive contre mon cancer ou pour ma santé, touche à sa fin. Pour être sûr d'y mettre un terme, il faut que toutes les anomalies aient reculé. Il le faut, je n'ai pas le choix et mon corps non plus. Je ne pourrais pas en subir d'avantage, je n'ai pas l'impression de vivre mais simplement de survivre et de subir. Rendez-vous compte, toutes les semaines on m'injecte des substances que mon corps n'accepte pas ce qu'il manifeste en montrant physiquement et physiologiquement son désaccord. Je ne suis que douleur, sensibilité, dégoût et gêne.

Certains jours on pouvait penser (à tort) que j'allais bien. Petite nuance, que j'allais mieux. Mais intérieurement, je n'étais pas moi. J'avais toujours un mal quelque part : une constipation sévère, des fourmillements dans les doigts ou dans les orteils la nuit, une sensation de tension douloureuse dans l'avant-bras que l'on qualifie de douleur neuropathique, un goût d'encre ou ferreux dans la bouche, une bouche pâteuse, de la fatigue, des maux de ventre, des frissons.... Vous l'aurez compris même au mieux, ce n'était pas si bien, alors imaginez au pire.

Je n'osais croire à cette rémission et en même temps, je m'accrochais de toute mes forces à l'idée que si j'avais souffert de cette manière c'était pour une bonne raison et pas pour rien. Que cette douleur serve au moins à en finir avec ce protocole et que je puisse avancer doucement vers la lumière qui m'attend plus loin.

Pour vérifier le recul effectif des anomalies, il me faut réaliser un Tep-scan. Ce qui m'avait choqué la toute première fois dans ce lieu que l'on nomme centre nucléaire, c'était sa salle d'attente. Une salle remplie par une dizaine de fauteuils sur lesquels était installée une majorité de femmes à la triste mine, foulard sur la tête ou cheveux parsemés. Je m'en souviens comme si c'était hier et cette fois c'était moi dans cette posture. Les yeux cernés, le teint pâle, l'envie absente de sourire, foulard sur les cheveux, emmitouflée sous diverses couches de vêtements car j'avais toujours froid.

Une fois sur place, on m'installe dans une pièce où je reste 1h30, sans rien faire d'autre que penser. Pas de téléphone, pas de livre, vous êtes seule avec vous-même. J'en profite pour faire une sieste autant joindre une obligation à une notion plus agréable. 1H30, c'est le temps nécessaire pour que le produit se fixe bien sur toutes les parties suspectes du corps, chaleur à fond dans la pièce pour optimiser le processus. Une fois cette étape passée, je reste vingt minutes à être scannée sous toutes les coutures, ce qui est le moment idéal pour poursuivre cette sieste déjà commencée. Une fois ce temps terminé, la doctoresse me demande si j'ai eu froid et je lui réponds qu'au contraire dans la pièce j'ai eu particulièrement chaud et que j'ai même baissé le chauffage ; mais que durant le scanner, j'ai eu quelques frissons, le contraste entre les pièces sans doute. Elle m'explique alors que le rendu reste flou autour de mon cou, mais qu'en premier avis cela ne va pas la gêner. Un flou, quel flou ? J'ai envie de lui dire de me faire repasser le Tep-scan, mais je sais cela impossible. Je vais rester avec ce flou en tête durant trois jours. Que signifie-t-il ? Est-il normal ? Dois-je m'inquiéter ?

Finalement, le lundi en arrivant dans le service, l'infirmier m'accueille avec un large sourire que je comprends rapidement. Il sait, mais n'a pas le droit d'en parler, c'est au médecin de le dire. La réglementation et ses paradoxes. Mon scanner est positif, je suis en rémission. Dans la précipitation j'envoie un message à mes proches pour leur dire que le Tep-scan est positif mais cela va créer un malentendu. Positif pour moi, c'est dans le bon sens pour eux c'est mauvais. Je reçois plusieurs appels et l'on rit de ma boulette. Comme cela m'arrive souvent, je m'exprime mal, invente des proverbes ou des mots comme une personne chère à mon cœur : ma mère. La modification de la langue française est un trait de famille je crois, mais on finit par se comprendre, rassurez-vous.

Le médecin m'annonce que je vais passer sur la cure « plus douce », l'ABVD. Que ces mots sont horribles : plus douce. J'y avais mis tous mes espoirs dans cette cure « plus douce » et je me raccrochais à elle pour me dire que j'avais enduré le plus dur.

Malheureusement le terme « plus doux » est seulement un terme, j'ai autant souffert et je dirais même plus à cause de la fatigue accumulée et de ce que mon corps avait déjà largement enduré. C'est lors de ce passage entre deux cures que l'on va me déclarer comme hypersensible.

Les docteurs m'ont baissé par trois fois la molé-
cule la plus toxique et semble-t-il la plus respon-
sable de mon mal-être. Les deux premières fois,
je n'ai ressenti aucun changement. La troisième,
enfin a été salvatrice et j'ai pu faire ma dernière
cure dans des conditions plus humaines.

Les soignants

Ils ont été nombreux à m'entourer, à s'occuper de moi, à me veiller, à me surveiller, à répondre à mes incessantes questions, à me rassurer, à tenter de me faire sourire. Ils m'ont parfois plus considérée que les docteurs eux-mêmes.

Toutes les semaines, en dehors de celles pratiquées à l'hôpital, j'ai eu des prises de sang faites par des infirmières à domicile. Elles sont mon quotidien depuis juillet 2020. Elles sont les visages que je vois régulièrement et cela même quand j'étais au plus mal. Elles ont toujours été bienveillantes envers moi par leur geste, leur regard ou leur parole.

J'ai également appris avec elle. J'ai déjà eu à me faire des injections dans le passé et là je devais de nouveau me faire une injection tous les soirs, plus une le mercredi et une pendant quatre jours tous les quinze jours. J'étais, dès le départ, embarrassée de les faire se déplacer le soir parfois pour une seule injection. Alors petit à petit, j'ai pris mon courage à deux mains et j'ai d'abord réalisé une injection puis deux, puis les trois. Elles ne venaient finalement plus que pour les prises de sang hebdomadaires.

J'ai eu des ratés, je piquais trop fort, trop vite, injectais trop rapidement ce qui m'a valu de belles jarretières de bleus. Mais ces marques sont celles de ma vie. On va rajouter à ces ecchymoses, qui quant à elles ont disparu, d'autres blessures indélébiles. Autant de cicatrices qui ne s'effaceront pas : celles de mes diverses biopsies, celle de la pose de ma chambre implantable (il faudra bien un jour qu'on me l'enlève, je l'espère, mais pas avant cinq ans), celles des griffures diverses et variées qui depuis un an ne s'atténuent pas. Mon corps est un livre qu'il suffit de décoder pour comprendre ce qu'il a vécu.

Lors de mon premier séjour en chambre stérile, j'ai eu affaire à un interne qui, à chaque jeu de questions-réponses, me répondait : « On ne vous l'a pas dit ? On ne vous a pas prescrit de traitement d'urgence pour la fièvre ? On ne vous a pas dit pour les stimulations de la moelle ? On ne vous a pas dit pour le patch anesthésiant ?... » Cela m'a terriblement agacé et le lui ai fait savoir, non pas contre lui mais contre le système. Je suis une patiente, je dois déjà apprendre un tas de choses sur ma maladie et sur sa gestion, mais en plus de cela je devrais avoir des informations dont je n'ai même pas conscience. Je trouvais légèrement que les rôles s'inversaient et cette culpabilisation sous-entendue me hérissait le poil, enfin ceux qui restaient.

Nous avons eu une longue conversation et il m'a tout retracé, point par point, me laissant le temps de prendre des notes. La prochaine fois, j'avais bien appris ma leçon.

Concernant mon traitement, il m'a été difficile au début de me souvenir des médicaments qu'il fallait que je prenne chaque matin, midi et soir. Les premières semaines, je me posais à table avec mon ordonnance de deux pages et m'assurais de ne pas me tromper. Je les prenais mais ne savait pas pour autant à quoi ils servaient.

Un infirmier au début de ma prise en charge m'a dit de noter mes questions et y a répondu la fois suivante. Désormais, je les prends machinalement.

Les infirmiers sont toujours là, coûte que coûte en première ligne, lorsque ça va, mais aussi quand ça va moins bien. Ils ne l'avoueront jamais et pourtant sous leur blouse blanche, ils portent le slip et le collant moulant du super-héros. Tel Clark Kent qui pour passer inaperçu met une chemise et des lunettes, eux mettent le matin leur blouse, leur charlotte, leur masque et en avant la musique. Ces aides-médicaux arrivent dans les couloirs, en laissant un peu au fond de celui-ci leur vie et leur tracas, pour se donner corps et âme aux personnes qu'ils accompagnent.

Leurs journées sont longues, harassantes, ils doivent parfois assurer les tâches des autres, agir dans l'urgence et sans jamais défaillir. On leur demande d'être partout à la fois et de le faire bien. Et ils le font bien.

Chacun d'entre eux ont marqué ma mémoire soit par une parole, une conversation, une odeur (et oui encore), une attention.

J'ai des souvenirs variés : le parfum d'une infirmière, une fleur cachée sous la charlotte, une couverture posée sur moi, des chuchotements pour ne pas me réveiller, une petite blague pour me faire sourire, celle, fine psychologue, qui sans jamais forcer venait prendre de mes nouvelles…

Avec le recul, je visualise que pendant une semaine j'étais en mode (pour mon égo on va le dire joliment) sportswear : jogging, tee-shirt sans forme, gilet de mamie et l'autre semaine, j'avais envie de me reconnaître et je mettais mes vêtements plus familiers et qui me correspondaient, donc colorés, des robes et des jupes.

À mon arrivée dans le service, un infirmier me complimentait toujours sur mes chaussures. Je dois me reconnaître cette passion coûteuses (Damien, ne lis pas ces lignes) et certes j'en ai, comment dire, une quantité plus que suffisante.

Cela était devenu un jeu entre nous, dès que j'arrivais, on échangeait un bonjour rapide et poli, puis il pointait mes chaussures du regard. De plus, elles représentaient assez bien l'état d'esprit dans lequel j'arrivais. Les bottines colorés signifiaient que c'était le dernier jour avant la semaine « off » alors autant y mettre de la joie. Les baskets usées jusqu'à la semelle signifiaient, quant à elles, que foutu pour foutu il fallait bien y aller quand même.

Une journée de me****

J'avais un petit rituel en venant à l'hôpital que je sois en retard ou pas (ma réputation dira que je suis toujours en retard mais je nie farouchement), je prenais toujours le temps d'aller chercher mon sandwich au café de l'hôpital. La nourriture était primordiale vous l'aurez compris et on ne peut pas dire que les repas de l'hôpital me procuraient un sentiment de plaisir. Je prenais également un magazine de cuisine (encore et toujours la nourriture), un petit thé vert, mon péché mignon, un cannelé bordelais et hop je montais.

En novembre, en raison de l'ampleur de la crise sanitaire et le risque potentiellement élevé d'être infectée, le service d'hématologie décide de faire pratiquer à ces patients, que ce soit pour une hospitalisation ou une chimio en hôpital de jour, un test PCR datant de moins de 72h.
Je n'ai jamais eu le nez fracturé et pourtant à chaque test je souffre. Je sais maintenant que je ne suis pas la seule, certains ne ressentent qu'une simple gêne mais d'autres bien plus.
Arrivée à l'hôpital, je réalise mon test sur place en prioritaire, car j'avais été prévenue trop tard. Vous savez la journée où vous avez l'impression

que quoi qu'il doive se passer ça se passera mal et bien la mienne c'était ce jour-ci.

L'infirmière réalise le test dans une narine, je m'accroche à la chaise comme jamais et au bout de plusieurs secondes qui me paraissent interminables je lui crie « stop ! ». Elle me dit alors : « J'arrête ça ne passe pas, ça bloque. » Me voilà de nouveau à m'accrocher à cette satanée chaise dans ce local vide d'âme, où elle effectue le test dans l'autre narine. Cela marche mais à quel prix, j'ai extrêmement mal au point de pleurer devant elle. Elle s'excuse et j'essaie de reprendre contenance. Je ne souhaite pas l'accabler, elle n'y est pour rien.

Une fois sortie, les larmes et des spasmes m'envahissent. Je ne parviens pas à les refouler et décide de les laisser m'envahir, il le faut pour que j'arrive à avancer. Je me cache de la vue des personnes derrière un mur à côté d'une porte de service du personnel soignant. Je reste ici au moins dix minutes, accroupie à essayer de pleurer en silence. Pourquoi tant de détresse à la suite d'un test PCR me direz-vous ? Ce n'était pas seulement le test mais son ensemble. Je vous l'ai dit la période de soins en octobre-novembre a atteint mon seuil de tolérance, on y était. J'en avais juste marre d'avoir mal, de souffrir et que ce test se rajoute à ma liste interminable de douleurs juste à cause de ce put*** de virus, c'était la goutte de trop. J'avais déjà assez de mon cancer et je me prends de plein fouet ma nouvelle réalité. Tous les quinze jours, j'aurais droit à mon coton tige dans le nez.

Cette journée n'est pas terminée, pas maintenant, ce serait bien trop simple. Une fois mes esprits retrouvés, je dois attendre près de deux heures, assise devant le service sur une chaise plus qu'inconfortable qu'on me fasse parvenir mon résultat. Trois heures plus tard, j'en suis au même point. Finalement n'y tenant plus et avec l'aide de la secrétaire, je contacte le laboratoire qui avait en fait mes résultats depuis quelque temps mais n'avait pas jugé nécessaire de les transmettre au service d'hématologie. Pourquoi ? On se le demande.

Étant donné que je ne savais pas quand je rentrerais dans le service, je ne savais pas non plus quand mettre mon patch anesthésiant pour qu'il reste efficace. Bien évidemment, je l'ai mis trop tard et lorsque l'infirmière m'a posé mon cathéter j'ai tout ressenti. Encore une goutte dans mon verre qui était déjà rempli à ras bord.

Arrive la doctoresse qui vient vérifier mon état général avant l'injection de la chimio. Je l'informe que depuis la veille j'ai des légères brûlures à la miction. Encore quelque chose dont je n'avais pas connaissance et que l'on m'explique seulement à ce moment-là. Je ne peux recevoir ma chimio si je présente ne serait-ce que des maux de tête, saignements ou brûlures à la miction par exemple. La liste est non exhaustive et à savoir par cœur bien sûr.

Ce jour-là n'est sans doute pas le bon pour elle non plus, je me retrouve sur un lit à me faire disputer comme une enfant. Pour elle, il est logique que je ne puisse pas recevoir la chimio, que c'est à mon médecin traitant de soigner cet effet secondaire, pas à elle et j'en passe. Elle fut le robinet qui coulait à flot dans mon verre qui débordait.

Une fois partie, je me mets de nouveau à pleurer et comme une enfant qu'on vient de disputer, je pleure à gros sanglots. L'infirmier et l'infirmière présents m'interrogent alors et je leur explique tout depuis le début, du test à l'attente, puis le patch, enfin le docteur.

Ma voix porte plus que je ne le veux. Ils me disent alors qu'ils vont lui en parler. La doctoresse revient plus apaisée elle aussi et nous avons enfin une conversation d'adulte à adulte.

Me voilà finalement à rappeler le taxi pour rentrer chez moi, puisque je ne peux pas avoir ma chimio. J'ai gagné une semaine de répit mais au prix de tout mon stock de larmes.

C'est sûr et certain quand je ne sens pas une journée c'est qu'elle finira en journée de mer**.

Guérie mais on continue

Mi-novembre, à la suite de mon dernier Tep-scan, on m'annonce une rémission complète. Il n'y a plus rien, plus de trace, aucune anomalie. Je suis au score le plus bas sur l'échelle d'évaluation. Je suis soulagée, heureuse, sereine ; mais finalement pas pour longtemps.

Le médecin m'annonce deux dernières cures, encore deux mois à vivre une semaine sur deux à subir encore, à vivre sans vivre, à serrer les dents. Je ne sais pas pourquoi mais j'ai complètement oublié cette partie lors de l'annonce de mon protocole de soins. J'étais persuadée en avoir fini une fois la rémission officiel. La chute n'en a été plus que douloureuse. Mon esprit, pour se protéger a dû occulter volontairement cette partie de l'histoire, pour que je tienne. J'ai dû mal à saisir, je suis en rémission complète alors qu'on me fiche la paix. Mais non, la guérison passe par ces deux dernières cures pour stabiliser l'organisme et éliminer les derniers facteurs de risque, sans elles la menace de rechute est trop importante.
Dans un tourbillon de sentiments divers, de la joie de se savoir en rémission, à la déception de

faire encore des chimio, j'ai oublié, croyez-le, d'en parler à mes enfants.

Ce doit être quatre-cinq jours après l'annonce du diagnostic et en récupérant mes enfants à l'école qu'une amie me demande comment ils ont réagi. La petite ampoule s'est alors allumée dans ma tête. Comment ai-je pu, comment avons-nous pu oublier de les tenir informés de cette étape plus que cruciale ?

J'ai énormément culpabilisé de les avoir écartés de cette façon de mon histoire.

C'est en fin d'après-midi qu'avec Damien nous avons remédié à ce non-dit. Ils ont été ravis d'entendre cette nouvelle et ils semblaient encore plus ravis que moi. Mon aîné ne comprenait cependant pas pourquoi je devais encore continuer les médicaments et les deux cures suivantes. C'est bizarre, il me rappelle vaguement une personne. Avec des explications, il a compris que c'était pour être sûr que ce cancer ne revienne plus jamais mettre le bazar dans nos vies. Non mais ça va, c'est qui le patron « c'est les Raton ! »

J'ai très mal vécu psychologiquement la cure qui a suivi cette annonce. Physiquement, c'était toujours pareil, pas mieux, pas pire. J'en avais marre comme jamais, je savais que la fin était proche, mais je ne parvenais pas à me rac-crocher à cette idée comme si c'était quelque chose que l'on peut seulement imaginer sans la posséder réellement. Comme à chaque veille de chimio, j'étais triste, sans arriver à penser à autre chose qu'à la journée du lendemain. Cette fois-ci, je n'avais pas du tout mais alors pas du tout envie d'y aller. J'étais encore plus mal que d'ordinaire.

Mi-décembre, on y était la fin approchait, il s'agissait de ma dernière cure. Nous partions fêter Noël à la montagne mais ma cure tombait la même semaine et je voulais profiter de ce séjour, de ma famille, être moi-même. J'ai alors demandé que l'on décale ma cure d'une semaine. Qu'est-ce qu'une semaine ?

Le lendemain, la doctoresse m'a téléphonée et le couperet est tombé et au vu de ses arguments, je ne pouvais que me taire. J'ai quand même réussi à négocier de la déplacer un jour avant, pour que mon pic de douleur se passe au début du séjour, adjugé vendu je n'en aurais pas plus.

Elle a finalement baissé ma cure à mon arrivée car j'avais toujours des neuropathies, des taches brunes sur les doigts et les ongles striés, signes d'une sur-toxicité.

Miracle de Noël ou pas, j'ai survécu à cette cure, quelque peu vaseuse, fatiguée mais gérable, largement gérable, j'avais connu bien pire. Mon séjour à la montagne fût magique, je n'aurais pu rêver mieux. Si je devais le décrire en deux mots, ce serait : douceur et amour. La douceur du moment qui s'écoule, de ces fêtes toutes particulières, des moments partagés, savourer d'être ici et maintenant. L'amour présent tout autour de nous, nous retrouver en famille, mais aussi retrouver des amis qu'on a l'impression d'avoir quitté la veille. Parler, rire, partager, et avoir envie que ça dure encore et encore.

La toute dernière journée, la veille de la nouvelle année, la veille de l'anniversaire de mon fils, la dose devait me convenir, j'étais moi, faible mais moi-même et pas seulement mon ombre cachée au fond du lit en train de compter les heures la séparant du retour à la vie. Cette année si particulière pour le monde entier, et d'autant plus moi, allait prendre fin. On y était, j'allais renaître.

Eux
Les connaissances

Dans le petit village de neuf cents habitants où j'habite, les informations circulent vite. Mon cancer, et même si je suis loin d'être la seule dans ce combat, a été le déclic pour m'aborder, chacun y retrouvant dans son parcours personnel, amical ou professionnel un petit goût amer de déjà-vu. Je ne suis pas d'un naturel très avenante au premier abord, c'est ma façon de me protéger de ne pas être déçue par les personnes. Aussi, j'observe, j'analyse et ensuite j'y vais. Je sais désormais pour en avoir discuté avec des personnes que je qualifie d'amies qu'on me considère à première vue comme une personne assez froide, hautaine ou distante. Alors qu'une fois mes barrières baissées, je suis très loin de l'être, mais vraiment très loin. Certaines amies pourront en témoigner, ou plutôt non, ce n'est peut-être pas nécessaire.

Certaines mères (et oui ce sont bien souvent que des mamans), à l'école de mes enfants, se sont montrées particulièrement bienveillantes, en n'hésitant pas à me proposer de garder mes deux enfants sans jamais se montrer intrusives par des questions sur mon état. Une fois, en récupérant mes enfants, je ne me suis vraiment pas sentie bien, envie de vomir, la tête me tournait. Je me suis alors assise sur des marches à proximité avec mon fils me demandant pourquoi on n'y allait pas. C'est une dame âgée, la nounou ou la tata du village, on pourrait dire, qui lui a répondu : « Maman n'est pas très bien, laisse-là se reprendre. », et presque dans un chuchotement m'a glissé à l'oreille : « Ça va aller ? » Il y a tous ces petits bonjours que l'on s'adresse presque machinalement, accompagnés d'un « Vous allez bien ? » un peu trop appuyé pour ne pas sentir que ce n'est pas juste une simple formule de politesse. Je me suis rendu compte que même si on ne se côtoie pas, les gens sont là et qu'il faut oser se faire confiance. Cette confiance se perd au profit de la méfiance, le dicton « pour vivre heureux vivons cachés », tout cela est faux. Être heureux, c'est se sentir bien où l'on est, avec les gens qui nous entourent, savoir qu'une gentillesse, une sympathie est présente à chaque instant et qu'il n'y a rien à perdre à la proposer ou à la prendre, mais surtout beaucoup plus à gagner.

Les petits commerces sont essentiels, ils créent du lien, j'en suis témoin. La pharmacie du village nous a énormément vu avec Damien, les pharmaciennes ont été chaleureuses, agréables, compréhensives et arrangeantes. Je n'aurais jamais imaginé créer un lien avec le personnel d'une pharmacie et pourtant il existe, un lien de confiance et de respect mutuel.

En adulte 2.0 que je suis, j'ai rencontré une communauté virtuelle hors du commun. Des femmes et des hommes forts, d'une nature combattante, donnant de la joie et attentifs aux autres. On peut dire ce que l'on veut sur les réseaux sociaux, mais s'il a bien une utilité c'est celle de réunir les gens. J'ai ainsi trouvé une communauté dans laquelle je me suis reconnue. J'ai côtoyé des personnes qui savaient de quoi je parlais, de bons conseils, juste présentes pour écouter, donner un sourire ou soutenir et ça n'a pas de prix. Elles donnent tellement et se battent sur tellement de fronts que je les respecte et les admire. J'aimerais tout comme elles en faire encore plus pour aider les autres, agir pour la prévention, pour les traitements… Un jour je ferai ma part, c'est une promesse faite à moi-même.

Il y a aussi eu des rencontres réelles dans le service d'hématologie.
Durant les séances de chimiothérapie, j'ai toujours pu bénéficier d'une chambre avec un lit.

Dans l'inconscient des personnes cela semble logique et pourtant ce n'est pas le cas. La séance de chimiothérapie ayant lieu en hôpital de jour où il y a bien plus de fauteuils que de lits. Étant donné mon état à la suite de la prise du décontractant, le lit m'était simplement nécessaire pour essayer d'éviter autant que possible le pire. Comme je vous l'ai dit je ne suis pas très avenante et même si on partage la même galère il ne m'était pas facile d'aborder les personnes installées dans le lit d'à côté. Je craignais toujours de gêner, de ressasser la maladie. Dans ma tête, j'étais maladroite, peu assurée et je préférais donc me taire. Il était rare que j'entame une conversation avec mes voisins.

Malgré cette distance avec les autres, que je m'imposais malgré moi, je suis curieuse et observatrice. Il y eut ce jour où j'étais en chambre avec un homme d'à peu près mon âge, très vite j'ai compris qu'il avait le même cancer que moi. Je l'ai détesté. Pourquoi me direz-vous ? La raison en est simple. Une fois ses poches terminées, l'infirmier lui demande : « Ça va aller pour rentrer ? », ce à quoi il répond tout naturellement : « Oui ça ne me rend pas trop malade, en une journée ça passe, demain je ferai ce que je veux. » J'avais envie d'hurler, pourquoi lui pétait le feu le lendemain et moi j'en bavais littéralement pendant près d'une semaine. Tant mieux pour lui, mais ce que j'ai pu être jalouse !

Lors de ma seconde chimiothérapie la dernière durant laquelle j'ai encore pu contempler le moi que je connaissais dans le miroir, je me suis retrouvée en chambre avec une dame qui représentait très bien la « cancéreuse » ; elle venait avec son sac à chimio : livre, cale nuque, câble de téléphone, écouteur, tout l'attirail pour s'occuper. En plus de ces détails, elle en avait le physique : pâle, foulard, peu de poils sur le visage, maigre. Je ne lui ai pas parlé, je n'avais pas envie qu'elle m'en dise plus sur ce que j'allais vivre, je le voyais très nettement.

Et puis il y a eu toutes ces fois où mon corps était présent, mais mon esprit seulement de passage. Rapidement, une fois le produit injecté, je sombrais et ne me réveillais que plusieurs heures après. J'étais bien souvent la dernière à partir du service. Le matin, je m'installais, regardais à travers cette grande vitre sur laquelle je donnais, le grand arbre devant moi. Tellement grand et pourtant il semblait si petit et perdu dans cet encombrement de bâtiments en face d'un lotissement. Je l'ai vu dépérir au fil des trois saisons, tout comme moi, tout laissant à penser qu'il allait mourir.

Finalement, je n'ai pas pu le contempler dans sa renaissance au printemps, mais je suis sûre que, comme moi, il est encore plus beau et plus fort qu'avant.

Dans ce lotissement, un homme se posait tous les matins sur son balcon et fumait sans doute sa première cigarette de la journée. Je l'ai toujours vu et me prenais à imaginer sa vie. Le médecin venait et s'en suivait une nouvelle numération car celle pratiquée deux jours plus tôt n'était jamais satisfaisante, j'étais toujours à deux doigts de ne pas avoir ma chimio. Tout prenait du retard avec moi et je quittais le service toujours la dernière, seule vers 16h-17h.

Dans ces conditions, il est difficile de sympathiser avec son voisin de chambre, cela semble paradoxal nous avons du temps à foison, mais il nous en manque à la fois. Il est de mauvaise qualité et nous contrôlons peu ce que nous y faisons, notre corps prend le contrôle sur nos envies.

Pourtant, il y eut ce jour lors de ma chimio, où allongée dans le lit d'à côté, une jeune femme se trouvait dans le même cas que moi. Au fil de notre conversation, nous nous sommes rendu compte que personne ne nous avait parlé des douleurs osseuses ressenties lors des injections d'hormones servant à stimuler les globules blancs. En réalisant que nous avions ressenti la même chose, nous nous sommes esclaffées : « On n'est pas folles ! » Cette douleur, je l'ai endurée pour la première fois lorsque j'étais en chambre stérile depuis deux jours. Deux jours pendant lesquels mes allers-retours se limitaient à sortir du lit pour me diriger vers la fenêtre ou aller aux toilettes. Vers 22h, j'ai éprouvé une douleur diffuse au bassin. Me disant que j'avais dû rester trop longtemps alitée, me voilà à 22h en train d'effectuer des postures de yoga et de m'étirer : chien tête en haut, le guerrier, la montagne, l'enfant… les yogis visualiseront ce dont je parle. Mais cette douleur ne passe pas et s'intensifie. Si je ne bouge pas d'un millimètre, c'est supportable, en revanche si j'ose me mouvoir d'une quelconque manière, j'ai l'impression qu'on me tape dans le bassin, qu'on me cogne les os, qu'ils résonnent entre eux. J'aurais été la grande gagnante si l'on avait joué à « un, deux, trois soleil ». N'y tenant plus, j'appelle l'infirmier de garde et lui explique que j'ai dû rester trop longtemps alitée, mais pour autant je ne comprends pas pourquoi j'ai autant mal. Naturellement et comme si cela était une évidence, il m'informe que c'est dû à l'injection et s'étonne que personne ne m'ait informée. Cette jeune femme non plus n'avait pas été mise au courant. Deux oublis, j'en doute. On estime à tort que le patient possède déjà les informations qui lui sont nécessaires, mais personne ne pense à vérifier, comment se retrouver dans tout ce savoir si on ne nous guide pas dans un premier temps.

Parmi ces connaissances, il me faut aussi rendre hommage aux chauffeurs de taxi qui me conduisaient de l'hôpital à mon domicile et retours très et trop régulièrement. J'ai eu affaire à une société dont le gérant était professionnel, agréable, toujours disponible et efficace. Ce temps de trajet d'une heure était l'occasion bien souvent d'une discussion futile mais finalement thérapeutique. Elle me faisait oublier un temps donné ce vers quoi on me conduisait. Je me souviens de discussions en vrac sur les voitures, les voyages, d'un homme qui avait été jadis Musher (un pilote d'attelage de chiens), la crise sanitaire…

Le trajet retour n'avait pas le même ton et ces hommes, car il n'y avait que des hommes, comprenaient l'état dans lequel j'étais intérieurement. Un petit mot glissé à mon entrée dans le véhicule quelques coups d'œil furtifs dans le rétroviseur et on me laissait essayer de gérer au mieux le trajet retour, en me concentrant tant bien que mal sur autre chose que sur ma douleur et mes nausées.

Une fois, le taxi m'avait déposé chez ma mère, mon mari devait me récupérer chez elle. Sitôt sortie de la voiture, j'ai eu chaud et ce n'était pas bon signe. En montant les escaliers, j'ai serré les dents, couru à la porte de chez ma mère et me suis engloutie dans les toilettes. Je vous remercie messieurs les chauffeurs de taxis, mais remerciez-moi également ne pas avoir repeint vos intérieurs en cuir.

Eux
Les collègues

Je n'ai pas travaillé durant mon parcours cela peut paraître logique et pourtant. Certains en sont capables, pas moi. Lorsqu'on m'a annoncé mon parcours de soins et le fait inévitable d'être en arrêt durant les deux cures de BEACOPP, je me voyais reprendre le travail une fois passée sur la cure plus soft. Dans ma tête c'était clair, je faisais deux jours chez moi et le reste du temps, j'étais au travail. Je ne sais pas dans quel monde je pensais être, certainement celui des bisounours, parce que j'étais très loin de la réalité.

En août, je revois le docteur me donner un arrêt de six mois. Surprise, je lui demande alors si l'on peut reprendre avant la date de fin d'arrêt. Nous discutons ensemble et elle finit par me dire : « Faites vos cures, vous verrez ensuite. » En effet, il était juste impossible de reprendre : une semaine à souffrir, une semaine à souffler et on recommence, le travail n'était pas du tout envisageable.

Lorsque j'ai annoncé mon cancer à certains de mes collègues et à ma direction, j'ai pu déceler que cette annonce leur était difficile à supporter. Cela m'a touchée, pas de voir leur désarroi mais de savoir que je comptais, que j'étais importante à leurs yeux ce qui a gonflé mon ego. Durant mon parcours, j'ai gardé contact avec certains collègues ou plutôt, ce sont eux qui ont gardé contact avec moi. Ils ne m'ont pas mise à l'écart, je n'étais pas l'objet pas présent donc absent.

Ils m'ont touchée par leurs démonstrations d'affection, leurs attentions, leurs messages durant cette période qui n'était simple pour personne, que ce soit personnellement ou professionnellement dû à la crise sanitaire.

Je ne répondais pas toujours aux messages je l'avoue, pas car je n'en avais pas envie, mais plutôt parce que je ne savais pas toujours quoi dire. Certaines périodes, je n'avais la sensation que d'être un fardeau, une image que les gens aimeraient bien oublier. Mais, pour avoir bonne conscience, on s'assurait, sans vouloir entendre la vérité, si elle allait bien. Je sais pertinemment que ce n'est que ma état d'esprit d'alors et que je suis sans doute très loin du sens qu'ils mettaient dans leurs messages. Mais voilà en période de doute, d'angoisse et de peur, il est difficile de faire taire cette petite voix au fond de notre tête, même sous des tas de coussins.

Certains d'entre eux et ils se reconnaîtront, sont devenus plus que des collègues avec lesquels on partage une tasse de café, ou plus exactement une tasse de thé dans mon cas.

Lorsque j'étais en chambre stérile, un après-midi j'ai oublié où j'étais et pourquoi. J'étais juste moi-même. J'ai passé un après-midi entier à écouter des audio de mes collègues. Ils me parlaient de tout, de rien, du travail, de tout sauf de moi et de mon cancer et cela a tellement été agréable. J'ai ri derrière mon téléphone et j'avais toujours l'impression de faire partie de ce monde, de ne pas être à l'écart et qu'on ne vienne me parler que de ÇA.

Je tiens à les remercier chaleureusement car même s'il ne s'agissait que d'un message, cela m'a permis d'échapper à mon quotidien et à ce qui se passait dans ma tête et bien plus dans mon corps. Alors écrivez, parlez et ne croyez pas, à tort, que vous les embêtez, mettez vos doutes de côté et allez à la rencontre de l'autre.

Ce ne sont que des collègues, sans doute parfois, et pourtant nous partageons tant ensemble.

Eux
Les amis

L'annonce de mon cancer a été un choc c'est évident et je ne les ai pas particulièrement ménagés. Je leur ai annoncé par message, j'ai été cash, sans détour, sans pincette, droit au but. Il m'est difficile quand je suis touchée de faire semblant, rectification, il m'est impossible de faire semblant. Je suis une personne entière, il n'y a pas de demi-mesure. Je leur ai fait l'annonce telle que je venais de me la prendre en pleine figure, comme une gifle.

Chacun en fonction de la manière dont il se sentait le plus à l'aise a fait force de proposition pour donner un peu de lui-même, un peu de son temps toujours de façon spontanée pour un simple coup de main, une garde des enfants, un temps de répit pour Damien, un repas entre amis pour décharger...

Avant ma toute première hospitalisation, nous sommes allées avec deux amies au restaurant, le dernier avant un long moment autant en raison de ma maladie qu'à cause du contexte sanitaire. L'attention reçue à ce moment-là m'a particulièrement touchée, j'ai reçu un sac qu'on pourrait qualifier de « sac à chimio » avec des tas de choses pour se faire du bien : des masques, un livre, un plaid, des scoubidous, de quoi faire de la broderie, du maquillage. Lorsque j'ai été hospitalisée, il fallait bien que je m'occupe et j'ai alors tout testé même un gloss qu'elles m'avaient offert. Rapidement mes lèvres se sont retrouvées botoxées. L'attention était bonne, le résultat moins.

Je me souviens avoir été au bord de la folie pour de la nourriture. Quand on dit que la nourriture c'est la vie, c'est bien vrai. Mais alors que l'on soit clair, de la nourriture appétissante, avec du goût, agréable à voir. Ce n'est pas une légende la nourriture de l'hôpital est juste affreuse malgré toutes les bonnes intentions qu'ils essaient d'y mettre. Quand pendant près de trois semaines vous ne mangez que cette nourriture, les envies finissent par tourner à l'obsession. Je salivais en regardant des pubs à la télé, j'en ressentais les saveurs, j'imaginais ce que j'allais manger en sortant de l'hôpital, quand on m'amenait mon repas je demandais un grec. Je n'en pouvais plus de leurs plats insipides, sans saveurs, baignant dans l'eau. J'avais l'odorat particulièrement développé durant cette période et forcément, chambre stérile disait plat sous vide avec un film plastique dessus. J'avais l'impression que la nourriture avait le goût du plastique. Je me revois me boucher le nez pour ne pas être dégoûtée par l'odeur et manger malgré tout, car j'avais tout simplement faim.

En parlant avec mes amies, l'une d'entre elle m'a un jour dit qu'elle n'était pas loin de l'hôpital et a voulu m'apporter de la nourriture. Me voilà donc à lui passer commande, comme si j'étais au drive. La pauvre a dû sonner, ne pas pouvoir entrer dans le service, faire sa livraison sans me voir, repartir et la cerise sur le gâteau c'est que ce qu'elle avait ramené ne pouvait pas m'être donné. Point important, en chambre stérile on ne peut pas apporter aux patients ce que l'on veut. Il ne faut pas de produits frais, des fruits avec poils comme des pêches, il faut des biscuits emballés individuellement, des plats sous vide, bref un vrai casse-tête. Déçue à la fois pour elle et pour moi, elle ne s'est pas laissée abattre et est revenue avec ce qui pouvait être accepté. J'étais simplement aux anges, ce soir-là j'ai mangé (pour vous dire à quel point j'en étais) une poêlée sarladaise avec confit de canard. Cela peut paraître idiot mais quand tout ce qui vous rattache à la notion de plaisir est la nourriture on s'y accroche coûte que coûte. Finalement, les soignants ont dû finir par percevoir mon désarroi ou mon obsession je ne sais pas et j'ai par la suite rencontré la diététicienne du service ce qui m'a permis de choisir mes repas. Ce n'était pas le restaurant trois étoiles mais c'était beaucoup mieux. Encore une information qui ne m'avait pas été donnée et dont j'aurais pu bénéficier plus tôt.

Certains amis encore se sont manifestés soit par des visites à la maison, des messages réguliers, ou encore par des aides diverses et variées.

Les mots de soutien, les prises de nouvelles ou même les bla-bla futiles étaient courants et faisaient tellement de bien. Je ne répondais pas à tout, notamment durant les semaines « off », non pas parce que je n'avais pas envie, mais parce que j'étais mal. Pour ne pas avoir à dire « non ça ne va pas », je préférais me taire, ne pas être de mauvaise compagnie, ne pas laisser à mon interlocuteur cette image de moi. Parfois aussi, je me sentais trop faible pour répondre à un message. Trop faible pour un message ? Oui, je le regardais, en prenais conscience et le reposais. Je me replongeais aussitôt dans ma léthargie acceptable en priant pour que le temps passe plus vite. Il aurait été facile de juger sans comprendre, mais ils n'en ont rien fait, ils sont restés présents sans hypocrisie.

Ils sont et resteront ma deuxième famille. Présents dans les bons et les mauvais moments, on dit toujours qu'on les compte sur les doigts d'une main. J'ai la chance de les compter sur les deux.

Eux
La famille

J'ai une sœur et un frère qui ont une grande différence d'âge avec moi, je suis comme on peut dire la petite dernière, la pourrie gâtée, la princesse.

Mon frère a manifesté son choc en voulant se battre à ma place, en souhaitant m'envoyer dans les plus grands hôpitaux de Paris. N'étant pas à proximité, je savais pertinemment que s'il avait dû venir pour quelque chose, il aurait fait le trajet dans l'heure.

Je sais que si une personne m'avait fait du mal quelle qu'elle soit, il était prêt à montrer les dents, à prendre ma défense. Il m'a transmis sa rage, sa colère, son aversion pour l'injustice pour qu'elles soient à mes côtés durant ma bataille. Maladroitement, à l'annonce de mon cancer il voulait que je sois suivie à Paris, mais je n'étais pas prête à renvoyer une nouvelle fois mon dossier, attendre une nouvelle commission, effectuer de nouveaux examens, à attendre encore et encore alors que pendant ce temps-là mon cancer se développait. Il aura déjà suffi de trois semaines pour que je passe d'un stade deux au stade trois, alors attendre davantage était pire qu'angoissant, cela me terrorisait. Je voulais qu'on s'occupe de moi maintenant.

Quant à ma sœur, l'annonce a été difficile d'autant plus qu'elle vivait à ce moment-là une période compliquée et n'a pas reçu le soutien dont elle avait besoin de la part de sa propre famille. À travers ce récit, je souhaite lui montrer qu'elle a été bien plus forte qu'elle ne le pensait, qu'elle n'aurait pas pu faire plus car elle a tout donné.

Parfois quand on se voyait ma maladie n'était pas présente, seulement elle. J'avais besoin outre que l'on s'occupe de moi, de prendre soin des autres. C'était tout autant nécessaire à ma sœur et malgré ma maladie, j'espère avoir pu la soutenir. Nous nous sommes maintenues mutuellement toutes les deux la tête hors de l'eau.

Cette mésaventure nous a tous beaucoup rapprochés. L'idée que le futur ne nous appartient pas, que tout peut vaciller en un instant, soude une famille. On savoure différemment, on est plus attentif qu'auparavant, on aime plus encore ces liens du sang que rien ne pourrait altérer.

J'ai souffert pour ma mère, comme elle pour moi. Étant mère également, je me suis surprise à faire un transfert sur ce qu'elle pouvait vivre et ressentir ce qui a décuplé mes émotions.

Je la comprends désormais davantage dans toute sa personne. Quelle douleur de voir son enfant se dégrader tant physiquement que moralement au fur et à mesure du temps et quelle impuissance on peut ressentir. Elle a essayé de faire tout ce qu'elle pouvait, tout, tout. Garder les enfants, venir me voir, m'appeler très souvent, nous préparer à manger, nous aider dans des travaux...

Elle a aussi pris l'initiative d'ouvrir une cagnotte. Pour en avoir discuté au tout début avec elle, ma mère savait que je n'étais pas spécialement pour et l'a ouverte sans que je le sache. Une fois dans la confidence, j'ai compris sa démarche. Elle voulait faire tout ce qui était en son pouvoir pour m'aider, si elle avait pu prendre ma maladie, elle l'aurait fait, si elle avait pu m'offrir tout ce que j'avais en tête, elle aurait tout donné.

Cette cagnotte était son moyen de nous mettre à l'abri financièrement mais également de nous permettre de réaliser nos envies en famille quand cela était possible, sans avoir à se poser de questions sur la faisabilité financière.

Des personnes que je n'ai même jamais vues, ont participé : des amis, des collègues, des connaissances. Cette attention particulière tournée vers moi m'a énormément touchée. J'ai eu à cœur d'utiliser cet argent comme ma maman l'avait annoncé dans son annonce, je voulais me regarder dans la glace sans culpabilité et avec le sentiment d'avoir utilisé cette somme comme les gens aurait voulu que je le dépense. Les premiers retraits ont été pour des postes de soins : thermomètre digital, bracelet d'acupuncture, huiles essentielles, foulards, vêtements pour la chambre stérile. Le deuxième pour la nourriture (car l'hôpital n'était pas à coté), les frais d'essence, les frais de garde des enfants par la nourrice qui ont juste doublé par rapport à notre base habituelle. Cette cagnotte nous a permis de souffler et de profiter de la vie, simplement. Nous sommes allés à Disney avant que cela ne ferme. Et surtout, je crois que cela nous a permis de passer le plus beau Noël que j'ai pu vivre, en pleine montagne, avec les trois êtres que je chéris le plus.

Alors merci, merci à celles et ceux qui ont contribué à faire en sorte que notre famille retrouve son sourire, vous y êtes pour quelque chose. Finalement, oui c'est de l'argent, mais il apporte tellement plus, des souvenirs joyeux et doux dans une période principalement remplie par l'angoisse et la peur.

Mon beau-père et ma mère forment une team de choc, ils arrivent chez vous un week-end et quand vous revenez tout a changé, mais en mieux. Ils sont incapables de rester en place, surtout ma mère. Tous les deux ont toujours été présents, remplis d'attention, de tendresse, de mots doux, de messages réconfortants. Des choses qu'on peut qualifier de banales, d'anodines et pourtant elles sont loin de porter en elles cet adjectif. Mon beau-père s'est lui aussi spécialisé dans ma maladie, tout comme moi. Il était prêt pour la bataille et suivait mon parcours de très près. Sans rien montrer de ses angoisses, il était tel que je l'ai toujours connu et cela était rassurant dans ce raz de marée que je venais de me prendre.

Ma mère est forte, tellement forte, elle n'a pas eu un parcours facile, elle a pris des coups mais a toujours surmonté ses difficultés et je dirais même qu'elle a rendu ces coups et pris sa revanche. Elle a montré à ses trois enfants que quand on veut, on peut. Je pouvais l'appeler à n'importe quel moment je savais qu'elle se rendrait disponible pour m'aider.

Il y eut cette fois, un mercredi deux jours après la chimio, quand la doulcur était devenue particulièrement tenace et grandissante. La veille, j'avais déjà appelé l'infirmier de garde pour savoir quelle attitude adopter, il m'avait alors envoyé une ordonnance avec des médicaments un peu plus forts. Ce jour-là rien n'y faisait, j'avais mes enfants et déjà en me réveillant, je savais que je ne tiendrais pas la journée. La femme de ménage dont je pouvais disposer durant ce temps était présente, je l'ai informée de mon état et suis montée dans la chambre. J'ai rappelé l'hôpital et ils m'ont dit de venir, qu'il m'attendait. Dans l'heure qui a suivi ma mère était présente à la maison, s'est chargée des enfants, de ma maison. Elle avait fait bien plus que je ne lui avais demandé, elle avait allégé mon esprit.

Durant tout ce temps elle a su me soulager quand cela était nécessaire, me soutenir, m'aider, cacher ses larmes pour ne prendre que les miennes, masquer son angoisse, sa peur. Elle a été tout entière comme elle sait l'être : généreuse, bienveillante, gentille, drôle, empathique, attentionnée et comme je l'aime. Comme je les aime tous.

Eux
Théo et Julian, mes enfants

Comment expliquer à des enfants de cinq et six ans que leur mère a une maladie que l'on peut qualifier de grave, sans y mettre les sentiments que nous portons en tant qu'adulte ? Vous avez trois heures.

Une scène m'est particulièrement restée en mémoire. Nous leur avions déjà annoncé le cancer et j'allais bientôt entrer à l'hôpital pour effectuer ma cure de chimiothérapie. Nous finissions notre repas sur la terrasse, il faisait très beau avec un léger vent. C'était une belle journée. Nous avons alors annoncé aux enfants que j'allais dans quelques jours entrer à l'hôpital pour me faire soigner, qu'on allait m'injecter des produits forts pour faire disparaître le cancer, mais que ces produits allaient me changer. J'allais être fatiguée, avoir envie de vomir, perdre mes cheveux, j'aurai l'apparence de quelqu'un de plus malade parce qu'à l'intérieur les produits essayeraient de virer le microbe de mon corps. « Mais si tu as l'air plus malade ça veut dire que le microbe est en train de gagner ? » m'a demandé mon plus grand. Mon cœur à manqué un battement.

J'ai regardé Damien et l'on s'est compris en un regard. À six ans, Théo comprenait ce qui allait se jouer, que ce n'était pas un simple rhume. Sa question n'était pas juste posée à titre d'information, il était inquiet et cette inquiétude perdurera durant de long mois, même après la rémission. Pendant quelques mois lorsque j'étais à la maison et qu'il s'agissait de la mauvaise semaine celle ou j'étais présente mais absente, Théo simulait une maladie en classe pour rentrer près de moi, il fallait qu'il me voit, qu'il me surveille. Il angoissait de ne pas savoir quelqu'un avec moi.

À certains moments, lorsque j'étais faible et que je baissais les bras, mes enfants étaient là et avec toute leur jovialité, leur insouciance, leur force insoupçonnée, ils essayaient de me faire rebondir. Ils venaient me border en rentrant de l'école avec cette petite voix : « Repose-toi bien maman », « Fais de beaux rêves ».
Lorsque j'avais mal au ventre et envie de vomir, ils le voyaient et ils me disaient d'aller vomir, que j'irais mieux ensuite. Si seulement cela pouvait être si simple.
Un jour particulièrement difficile durant lequel je n'avais cessé de vomir ce qui a fait que je marchais telle une grand-mère de 90 ans, ils ont sou-

haité aller dehors dans le jardin pour jouer, m'ont-ils dit. À travers la fenêtre de la cuisine au moment où je me préparais un thé au gingembre (cette racine est sensée calmer les nausées, sensée j'ai dit) je les ai vus cueillir le peu de plantes ressemblant à des fleurs.

À cette période de l'année en octobre, nous étions envahis principalement par de la moutarde des champs. J'ai éclaté en sanglots en les voyant préparer leur bouquet et j'essayais du mieux que je pouvais d'essuyer mes larmes avant qu'ils ne rentrent à la maison. Leur intention si naïve, remplie de bonté et de gentillesse était simplement de me faire plaisir et de me rendre ce sourire que je n'avais plus beaucoup eu depuis le début de la journée. J'étais à la fois fière de leur geste, de leur courage, de leur bienveillance, de leur empathie surtout pour des bonhommes haut comme trois pommes et en même temps, je culpabilisais. Je culpabilisais de ne pas être la mère qu'ils attendaient et qu'ils méritaient.

Mon cancer s'étant déroulé durant l'été, en juillet et août je n'ai été présente chez moi que trois semaines. Nos proches ont su les protéger et les divertir et j'ai été soulagée de savoir que même sans ma présence, ils pouvaient passer des vacances de rêves. Heureusement, la technologie existe et les appels visio étaient devenus notre petit rituel du soir. Lors de cet appel, parfois ils me disaient les événements incroyables qui s'étaient déroulés durant leur journée : avoir trouvé un scarabée, une plume, être allé à la piscine, fait du vélo... Ou bien parfois juste des petits mots suffisaient comme « je t'aime maman » et ils s'en allaient retrouver leurs jeux. Mon ego était touché mais les voir et ressentir leur insouciance, leur innocence et leur joie de vivre me remplissaient de bonheur. Ils étaient tels que je les connaissais.

Les vidéos « Il était une fois la vie » que j'ai gardé en mémoire et aimé durant mon enfance m'ont été d'une grande aide pour leur expliquer ce que je traversais. Elles ont été plus que parlantes pour eux, elles ont fait sens. Ils sont devenus de petits médecins en herbe et ne se gênaient pas pour m'expliquer (et ainsi se rassurer qu'ils avaient bien compris) à quoi servaient les produits dans les seringues que l'infirmière m'injectait. Ce support nous a permis de leur expliquer mon parcours de soins, ce qu'il se passait dans mon corps. Ils voulaient tout voir, les médicaments que je prenais, se battaient pour regarder les piqûres et me questionnent encore aujourd'hui sur pleins de détails techniques pour lesquels je n'ai moi-même parfois pas la réponse.

La rémission n'est pas toujours simple à gérer pour ces petites têtes, comme pour leurs parents. Mon aîné est particulièrement anxieux, une parole ou le fait même d'être malade lui remonte des émotions qu'il ne parvient pas à décrypter. Julian panique littéralement à la vue du sang, il pense et exprime clairement que la personne va mourir. Déjà de nature bienveillante cela s'est d'autant plus accentué avec ma maladie et il offrirait sa culotte si son camarade de classe le lui demandait. Je sais que le temps guérira les blessures et nous serons toujours là pour mettre un mot sur un ressenti ou une ambiguïté, mais voir son enfant angoissé par sa faute est toujours douloureux.

Ces enfants, mes enfants ont été ballottés à droite, à gauche, ont dû entendre malgré toutes les précautions qu'on prenait certaines paroles anxiogènes (leur imaginaire en rajoutant une bonne tartine) et malgré tout cela il se sont montrés forts, forts comme leur père et m'ont donné un peu de cette force sans s'en rendre compte.

Les enfants possèdent quelque chose que nous n'avons plus, ils ne craignent pas l'avenir, il le prenne comme il est et avance avec lui main dans la main. Ils n'intellectualisent pas, ils vivent avec tout leur être, ressentent instinctivement la conduite à tenir et agissent en conséquence, sans se soucier du bien-pensant et de l'inconnu. Ils vivent les choses intensément, telles qu'elles arrivent.

J'entendrais toujours comme une douce mélodie leurs mots d'amour : « Tu es belle même sans cheveux, tu es la meilleure, tu es trop forte. » Oui mes enfants, je suis forte, mais grâce à vous.

Eux
Lui

Il est celui qui a tout vu et tout ressenti à travers moi et qui ne pouvait rien faire pour me soulager. Les moments du quotidien qu'on ne voit plus ou auxquels on ne prête plus attention, redeviennent des attentions particulières envers l'être aimé. Ces actions pouvaient sembler dérisoires, minimes, ridicules, mais finalement d'une grande générosité, d'un don de soi à l'autre.

Il a été là à n'importe quel moment, de celui où j'étais en pleine forme à vouloir entreprendre dix choses dans la journée à celui où j'étais absente, de mauvaise compagnie, le moral en berne. Il ne s'est jamais montré critique, ou pire pour moi, à vouloir relativiser. Il était là tel qu'il est d'ordinaire, mais avec en plus une cape et un slip moulant. Bon d'accord un boxer moulant. Il écoutait, il encaissait tel un boxeur qui prend des coups et il essayait du mieux qu'il pouvait de les parer pour moi.

Il a été mon roc solide et infaillible pendant ces quelques mois et n'a jamais vacillé de sa place.

De nature positive, il a toujours essayé de m'insuffler ces valeurs et de me montrer le bout du tunnel, de m'y accrocher coûte que coûte. Si je ne le faisais pas, il le faisait à ma place.

Mais si ma vie s'est mise entre parenthèses à l'annonce du cancer, la sienne également. Dans ce bateau nous étions plusieurs, il était le capitaine de notre voilier mais lui aussi a essuyé les tempêtes. Lui aussi à sa manière a vécu un cancer. En tant que femme, mon corps, ma façon de me voir ont changé et forcément nos rapports dans notre vie intime ont été modifiés. Pourtant, jamais il ne m'a fait ressentir le moindre dégoût (ce que je pouvais ressentir pour moi-même), la moindre fatigue ou lassitude de la situation. Il s'est mis lui aussi entre parenthèses, pas par devoir ou par obligation, mais parce que cela n'était pas concevable autrement, pour lui c'était simplement normal.
Cette normalité, ce positivisme, cet humour à toute épreuve sont sa force et il a essayé de semer ces graines en moi, sans étouffer mes émotions.

À notre retour de vacances d'été, je devais revoir l'hématologue pour connaître le diagnostic de la biopsie, je m'y suis rendue seule. Je savais ce qu'il en était, la semaine avait été difficile. Des acouphènes, des maux de tête horribles, une grande fatigue, une sensation d'être étranglée en permanence, du mal à déglutir à certains moments. Je me sentais assez forte pour le faire seule, comme une grande, comme la femme forte que je pensais être et qui pouvait entendre le mot officiel de cancer. Je ne voulais pas l'embêter, car je savais au fond de moi que ce n'était que le début. Finalement, durant mon attente, il m'a informée qu'il quittait plus tôt son travail et me rejoignait. Néanmoins, j'ai vu seule la doctoresse et je me revois assise sur cette chaise, fermée comme je sais bien l'être, bras croisés sur la poitrine sans décrocher une parole. « Il faut parler Madame si avez des choses à dire ou des questions il faut vous exprimer » me dit-elle se doutant bien de ce qui se jouait dans ma tête, « Je n'ai pas grand-chose à dire, je venais à la base pour un kyste et je ressors avec un cancer. ».

À la fin de la consultation, j'allais quitter l'hôpital et pour cela traverser un long couloir. Au bout de ce dernier, je l'ai vu, lui. Juste le voir a fait exploser toutes les barrières que j'avais érigées jusqu'alors. Je me suis effondrée dans ce couloir et je vous assure que les quelques mètres qui nous séparaient l'un de l'autre, étaient longs. Nous avons longuement parlé sur le parvis de l'hôpital et même au cœur de ma détresse, il a su me faire rire avec ses blagues dont lui seul a le secret. Durant ce combat, certains ont pu percevoir des extraits de mon parcours, des traits de ma personne. Lui seul m'a vue entière, je ne me suis jamais cachée et en sa compagnie je me suis toujours sentie libre de m'exprimer et d'être celle que je voulais. Je souhaite à tous de rencontrer une personne qui vous donne ce sentiment.

Il a été là pendant mes nuits et notamment cette nuit toute particulière, lors ma première hospitalisation après la toute première chimiothérapie. Il me l'avait dit : « N'hésite pas à appeler peu importe l'heure » et l'arrivée de ses messages tardifs laissaient penser que lui non plus ne dormait pas très bien. Vers 2h30 du matin, j'avais mal, l'impression que rien n'allait et je prenais conscience de ce que j'allais subir. J'ai eu comme une crise de détresse, si l'on peut la qualifier ainsi. J'ai éclaté en sanglots mais pas des sanglots contenus, je pleurais comme une enfant, ne pouvait empêcher ces grosses billes de couler sur mes joues et j'essayais tant bien que mal de les étouffer par respect pour ma voisine de chambre. Je suis alors partie me réfugier dans la salle de douche de notre chambre commune. Assise au sol, me prenant la tête dans les mains, je l'ai appelé. Il a décroché sans manifester un quelconque inconfort d'avoir été réveillé, il était là au bout du téléphone me laissant déverser toute cette colère qui s'emparait de moi entrecoupée par de gros sanglots. Il essayait de me calmer du mieux qu'il pouvait. Il y est parvenu à distance. Il a réussi, ce que seule je n'arrivais pas à accomplir. J'ai raccroché, mon souffle avait repris une certaine régularité et j'ai pu me détendre un peu et sombrer dans les bras, non pas de Morphée mais dans les siens.

Il était partout à la fois, faisait tout à la maison notamment les semaines « off ». Entre deux sommeils, je l'entendais s'activer, jouer avec les enfants, les emmener faire un tour. Même lors des courses, il pensait toujours à me ramener une douceur ou un plat à réchauffer pour que je sois tranquille le midi. Il pensait à tout sans penser à lui ou du moins en se mettant en pause. Il me bordait le soir tendrement et recevait toutes les larmes de ma journée. C'en été presque devenu une (mauvaise) habitude, je pleurais à différents moments de la journée mais je n'arrivais pleinement à laisser la vanne ouverte que dans ses bras. J'évacuais ma peine grâce à lui, je me sentais un peu plus apaisée ensuite. Il avait le pouvoir d'aspirer cette peine et l'envoyer se faire fou*** tout en laissant en moi un peu plus de sérénité et de calme. Finalement pas besoin de tranquillisant, d'acupuncture, tisane relaxante ou autre il me fallait juste lui à mes côtés.

Respire

Tout est fini ? Non pas encore. Dans cinq ans, ce sera fini. Dans cinq ans, on pourra officiellement me déclarer guérie, pour l'instant je ne suis qu'en rémission. Dans cinq ans, je pourrais retirer la chambre implantable et dire adieu à ce corps étranger qui montre à tous d'où je viens. Je ne serai plus obligée lors de certains contrats de dire que j'ai eu un cancer, j'aurai ce qu'on appelle le droit à l'oubli. L'oubli de cette mésaventure, pour ma part je n'aurai pas ce privilège.

L'épée qui m'était tombée dessus il y a bientôt un an s'élève de plus en haut au-dessus de moi et j'espère qu'elle disparaîtra pour toujours.

Un livre à complètement fait écho à mon parcours « J'peux   pas j'ai chimio »   d'Alexandra Brijatoff et Camille Hoppenot et une phrase m'a particulièrement bouleversée « face à la maladie nous   sommes seuls mais   pas   solitaire. » Cette phrase restera ancrée dans ma mémoire tant elle correspond à ce que j'ai ressenti. Cette lecture m'a retournée car j'y suis retournée. Je suis retournée au cœur de ces six mois, aux travers de mes pensées, de mes sensations, de mes ressentis. Paradoxalement, j'ai le sentiment que ce j'ai vécu s'est déroulé hier, mais à la fois dans une autre vie.

C'est avéré et reconnu notre esprit peut tenter d'oublier, de faire abstraction de ce qu'il a pu vivre, de compartimenter et de mettre sous scellés certains pans de notre vie, mais le corps lui n'oublie rien. Il enregistre et mémorise ce qu'on lui a fait endurer, c'est comme si la tête et le corps avaient deux mémoires différentes. Plusieurs mois après ma dernière chimiothérapie, je ne ressens presque plus aucun désagrément ou presque. Et pourtant, quand je me replonge dans mes souvenirs parfois malgré moi, j'ai l'impression qu'une vague déferle et s'empare de moi, elle me projette à nouveau quelques mois en arrière. Je ressens une fois de plus ce goût de plastique dans ma bouche, la sensation de faiblesse dans mon corps, je revois ce produit orange fluo qu'on m'injectait… Oui, le corps a une mémoire mais encore plus la capacité de résilience et c'est à ça qu'il faut s'accrocher, tout passe. C'est en lisant ce livre que certains morceaux du puzzle qui me constitue ont pu reprendre leur place, certains comportements ont pris du sens. Oui, j'ai dû me battre face à la maladie, mais heureusement je ne me suis jamais sentie à l'écart de ce monde et c'est grâce à eux.

En six mois de traitement, je n'ai dû sortir de chez moi que quelquefois et cela peut certainement se compter sur les doigts des deux mains. Je ne dénombre pas bien évidemment les allers-retours à l'hôpital, ce serait tricher. En temps de crise sanitaire, j'ai été confinée plus que quiconque en une année. D'une certaine manière ce semi-confinement, couvre-feu peu importe comment on le nomme m'a rassurée tant du point de vue médical et de la transmission de ce fameux virus, que pour ma vie. Une semaine sur deux, je ne pouvais que survivre et espérer que le temps passe. Je n'ai pas pu apprécier et savourer ma vie à sa juste valeur à cause de ce cancer, alors imaginez si tout avait été ouvert, libre d'accès, alors que moi je suis obligée d'être sur le banc de touche. J'ai la bougeotte et avec Damien on se retrouve là-dessus, on aime bouger, pratiquer des activités, se promener pour découvrir, s'aérer et il est rare de nous trouver chez nous le week-end. Égoïstement, ce confinement m'a rassurée sur le fait que je n'étais pas la seule à ne pas vivre entièrement.

L'après cancer existe bel et bien et la guérison passe par cette étape, elle n'est pas à prendre avec légèreté et pourtant j'ai le sentiment qu'on m'a délaissée. À ma dernière cure le médecin était en vacances, je n'ai eu donc affaire qu'aux infirmières. Lorsque j'ai quitté l'hôpital pour rentrer chez moi, elles m'ont fixé mon prochain rendez-vous trois mois plus tard. Je passe d'une consultation tous les quinze jours à une visite dans trois mois. Alors que j'avais plein de questions qui restaient sans réponse. Trois mois c'était beaucoup trop long. J'ai rappelé le docteur et je l'ai vu bien plus tôt. Son commentaire à notre entrevue « Vous semblez stressée » m'a fait bouillir. Bien sûr que je l'étais d'une certaine façon, mais c'était d'autant plus un sentiment d'agacement qui était présent. J'étais agacée, en colère qu'on m'écarte de cette façon sans prendre le temps avant trois mois de m'expliquer la suite des événements, des rendez-vous, des prises de sang hebdomadaires, des médicaments, des répercussions dans mon corps ou dans ma tête, de l'aide dont je pouvais bénéficier. S'en est suivi une longue conversation pendant laquelle elle a répondu à toutes mes questions, que j'avais pris soin de noter au préalable, telle une journaliste en investigation.

On parle bien souvent du combat légitime de la personne lors du protocole de soins, mais on s'attarde moins sur les soins d'après. Mes souvenirs viennent parfois sans crier gare, pour me hurler au visage : « Hey, je suis toujours là ! » Il est légitime et normal dans un premier temps de vouloir tourner la page, d'avancer en les occultant. Malheureusement, ce n'est pas si simple, ni finalement la solution la plus pérenne. Ce malheur m'a changée et j'en prends conscience petit à petit, je l'affirme, le revendique et le clame haut et fort. Je m'en excuse si souvent ce sujet revient peut être trop sur la table mais en parler permet d'extérioriser car mon esprit et mon corps ont tous deux été choqués. À chaque pas que je fais, j'accepte ce changement, je ne serai jamais plus la même et tant mieux. La vie est changeante, un jour d'une incomparable beauté, le deuxième d'une banalité sans nom, alors que le troisième devient une tempête de souffrance. Pourquoi rester coûte que coûte tels que nous pensons nous connaître ? La vie nous permet d'apprendre, de se questionner, de changer, elle est l'expérience ultime d'un être humain.

Pourquoi moi ? Qu'ai-je fait de mal pour mériter cela ? Ces questionnements n'ont pas lieu d'être, même s'ils semblent légitimes au premier abord. La vie est faite d'événements, parfois de drames, de déceptions qui nous font souffrir terriblement et dans quel but ? Que celui ou celle qui a trouvé la réponse parfaite me contacte, je suis preneuse. Est-ce que les épreuves de la vie ont une raison d'être ? Je ne sais pas, ce qui est sûr c'est que l'on ne peut les contrôler malgré toutes les précautions que l'on peut prendre. La vie joue parfois avec nous quitte à être cruelle, à nous d'utiliser ces événements pour en faire jaillir une lumière. Tout en moi ne résonne désormais que dans un sens : j'ai la soif, le désir, la passion, l'envie d'oser, de savourer et de vivre pleinement chaque moment.

Ce n'est pas toujours simple de composer avec les nouvelles émotions qui m'envahissent et il est encore bien plus difficile d'en expliquer le mécanisme, alors libre à chacun de choisir sa thérapie.

Des fantasmes, des idées que j'avais auparavant sont devenus des rêves que je veux coûte que coûte réaliser. La vie est trop changeante pour jeter un œil par-dessus son épaule et regretter au point de se dire « Mince, j'aurais dû. » Nous avons tous déjà entendu ou lu cette phrase : « Il vaut mieux vivre avec des remords qu'avec des regrets. »

Alors oui, j'ai la bougeotte et toujours des idées qui fusent chaque jour, mais c'est ma manière à moi de remplir ce temps qui m'est donné pour qu'un jour je puisse me retourner et me dire : « Cela a été intense, mais tellement bon. » En dehors de cette bougeotte, je sais me poser et apprécier. Contempler simplement un coucher de soleil, écouter discrètement une discussion de mes fils, l'odeur de Damien lorsqu'il me prend dans ses bras, regarder les oiseaux voler lorsque je reviens de l'école... Il y a plusieurs années lorsque nous habitions avec Damien une ville à proximité, nous rencontrions souvent en centre-ville un homme qui nous laissait toujours songeur. En se promenant, il se stoppait souvent pour admirer ce qui l'entourait, levait la tête vers le ciel et avait toujours ce sourire discret mais d'une grande générosité et sincérité. Je pense le comprendre désormais.

J'ai régulièrement douté de ce projet de témoignage, du fait de ne pas être légitime (et pourtant) qu'il ne devait que me libérer, être mon exutoire. Finalement mon désir de partager, transmettre, donner un regard différent a été plus fort.

Pour quelles raisons n'aurais-je pas le droit d'utiliser mon droit de parole ? La raison à ce frein est simple, c'est moi et en règle générale je pourrais dire que l'on se met nous-même des barrières et des barrières assez raides et épaisses pour qu'on puisse se sentir en droit de dire : « Tu vois cela n'est pas possible. »

Du fait de mon éducation et maintenant par mon vécu, je sais que quand on veut, on peut. Il faut aller au bout des choses. La vie est assez surprenante dans l'absolu pour se mettre soi-même des freins, il n'y a rien à perdre, mais tout à gagner.

La plupart des lectures que j'ai pu faire ne m'ont jamais renvoyé un peu de moi. Ce que j'ai vécu et que j'ose mettre par écrit, ne répond que peu aux idées de la société actuelle : positivisme, acception, relativisme. La façon dont j'ai pu aborder mon parcours n'est pas unique : le choc, la tristesse, la colère, l'abattement, la douleur, l'acception et enfin la résilience. Ce n'est pas seulement mon parcours, mais celui de milliers d'autres. Il se rapproche du processus de deuil. Le deuil d'une vie, le deuil de sa personne. Plus rien ne sera jamais pareil, mais si rémission il y a, et je le souhaite à tous, je vous assure que l'après sera d'une incomparable douceur.

Tout n'a pas été rose, loin de là et je ne le cache pas, je ne le veux pas car cela reviendrait à me cacher, à avoir honte, à culpabiliser.

Ces épreuves m'ont bouleversée toute entière, mais également, j'en suis sûr à différents niveaux les personnes qui m'ont entourée, tel l'effet papillon. Finalement, reviennent souvent la beauté des rencontres, des moments partagés, des phrases si justes, des mots d'amour. N'attendons pas des épreuves pour se soutenir et remercier les autres d'être ce qu'ils sont, osons le dire, n'ayons pas peur.

Je ne serais jamais plus la même, une autre a pris place. Un doux mélange entre celle que j'étais et celle qui s'est battue. Elle m'a permis d'avancer pas après pas dans cette aventure extraordinaire. Extraordinaire, car oui c'est une aventure qui ne rentre pas dans notre quotidien et dont on ne ressort pas indemne, malgré toute la volonté du monde. Elle nous fait sortir de notre zone de confort, nous fait regarder au plus profond de notre être, ce qu'est notre essence par nature. On ne peut détourner le regard d'elle, on se la prend en plein visage, elle nous consume, nous submerge, nous inonde, nous désintègre et nous ressuscite toute neuve, toute fraîche, toute pleine de VIE.

SOMMAIRE